《中国语学文库》

总 主 编：邢福义

副总主编：汪国胜　朱　斌

教育部人文社会科学研究青年基金项目"句子功能范畴在'谓头'敏感位置上的句法实现"（项目编号：12YJC740054）资助成果。

句子功能范畴在"谓头"敏感位置上的句法实现

The Syntactic Realization of Sentential Grammatical Categories on the Predicate-initial Position

李　莹　周毕吉◎著

中国出版集团

世界图书出版公司

广州·上海·西安·北京

图书在版编目（CIP）数据

句子功能范畴在"谓头"敏感位置上的句法实现 / 李莹 , 周毕吉著 .
—广州 : 世界图书出版广东有限公司，2015.5（2025.1重印）

ISBN 978-7-5100-9691-4

Ⅰ . ①句… Ⅱ . ①李… ②周… Ⅲ . ①汉语—句法—研究
Ⅳ . ① H146.3

中国版本图书馆 CIP 数据核字（2015）第 107749 号

句子功能范畴在"谓头"敏感位置上的句法实现

策划编辑　刘婕妤

责任编辑　梁少玲

出版发行　世界图书出版广东有限公司

地　　址　广州市新港西路大江冲 25 号

http://www.gdst.com.cn

印　　刷　悦读天下（山东）印务有限公司

规　　格　710mm×1000mm　1/16

印　　张　12

字　　数　190 千

版　　次　2015 年 5 月第 1 版　2025 年 1 月第 2 次印刷

ISBN　978-7-5100-9691-4/H·0954

定　　价　58.00 元

序

2005 年，我从新加坡国立大学回到母校华中师范大学任教并开始招收博士生。2006 年，华师语言所总共招收了十名博士生，其中有三名学生被安排给我指导，李莹是他们中的一位。李莹是那届十名博士生中年龄最小的一个，也是对学术研究最有热情的一个。攻读博士学位期间，她每个暑假都去参加全国语言学暑期班的学习。2008 年的时候，她成功申请到了北京大学中文系的访学博士生项目，在北京大学进行了为期一年的访学；这一年的访学为她以后的学术研究奠定了良好的基础。我习惯和同事、朋友、学生等用邮件联系，哪怕是隔壁办公室的同事，我都会选择发邮件交流而不是直接串门。在我所指导的学生中，李莹是跟我邮件联系最频繁的一个学生，她或者汇报自己的学术灵感，或者针对某个具体的问题跟我讨论，或者让我就她的某个新想法提供意见等等。

我多次在课上和课下跟我的学生说，硕士生可以当二手承包商，博士生则一定要当一流开发商。博士生要敢于圈地，善于圈地，要高屋建瓴地圈出自己的学术发展领地，创建自己的学术根据地，并把博士论文作为首期开发项目，争取一炮打响，毕业后还可以在这个领地里继续经营，进行第二期、第三期的开发……学术论文写作两个关键任务目标之一是建立自己的观点：或新发现；或补充前人；或修正前人；或推翻前人。思路上，应尽可能采用现代理论，运用跨语言跨方言比较的方法，小题大做，精细归纳，高度提炼，深思熟虑，要培养自己驾驭复杂语言事实和复杂观点的能力。我感觉到，李莹把这些话都听进去了，这让我倍感欣慰！

《句子功能范畴在"谓头"敏感位置上的句法实现》一书，是以一个语法敏感位置，即"谓头"位置，三种有限的语法手段，即"添加"、"移位"和"重叠"，来统摄多种句子功能范畴，即"语气范畴"、"否定范畴"、"复句关联范畴"和"时体范畴"。尽管各种语言在表达句子功能范畴时所采用的句法格式多种多样，可实质上它们无非都是通过句法的敏感位置之一，即"谓头"位置，和三种有限的语法手段的拼盘配套使用来表达种种句子功能范畴的；有的采用在"谓头"位置"添加"，有的采用在"谓头"位置"移位"，有的则采用在"谓头"位置"重叠"。在同一种语言中，表达某一种句子功能范畴时，都必须选用其中至少一种拼盘配套方式。翻阅全书，有三点突出的感觉。其一，注重理论方法的思考。作者借鉴形式语法的分析模式，将表面看来千差万别的句子功能范畴的句法实现归结为某一个功能性语法位置和有限的语法手段的拼盘配套使用。其二，注重全局性考察，提出了值得重视的见解。比如，按照是依附于全句还是句子成分的标准，作者将非线性语法范畴分为非句子功能范畴和句子功能范畴两大类，将句子功能范畴作为一个整体来通盘考虑，统一处理。其三，注重语法个案的分析，深化了作者的观点。比如，作者通过对汉语双主语句式和动词复制句中关联标记位置复杂性的分析，进一步说明了汉语句子中心的特殊性。

获得博士学位后，李莹留在母校的外国语学院从事英语教学工作。这一工作，繁重琐碎，就一般情况而言，对搞科研会有一定程度的影响；然而，从参加工作到现在的五年多时间里，她却能克服种种困难，一连在专业核心期刊上发表多篇高质量的学术论文，实在是难能可贵！我希望，李莹在未来的日子里，能继续教研兼顾，在学术道路上再上新台阶。我对她寄予厚望！

徐杰
2015 年 2 月 13 日
于温哥华

内容提要

本书是以一个语法敏感位置，即"谓头"位置，三种有限的语法手段，即"添加"、"移位"和"重叠"，来统摄多种句子功能范畴，即"语气范畴"、"否定范畴"、"复句关联范畴"和"时体范畴"。尽管各种语言在表达句子功能范畴时所采用的句法格式是多种多样的，可实质上它们无非都是通过语法的敏感位置之一，即"谓头"位置，和三种有限的语法手段的拼盘配套使用来表达种种句子功能范畴的；有的采用在"谓头"位置"添加"，有的采用在"谓头"位置"移位"，有的则采用在"谓头"位置"重叠"。在同一种语言中，表达某一种句子功能范畴时，都必须选用其中至少一种拼盘配套方式。各种表达句子功能范畴的多样化的句法格式都应该从形式语法的原则系统中完全彻底地剥离出去。剥离与净化之后形式语法的核心运算系统中所保留的仅仅是那些超越具体句法结构的、并且凌驾于具体语言之上的"语法原则"，即"谓头"敏感位置和三种有限的语法手段，它们简单、明晰、有限！

本书的研究分为以下几个部分：

第 1 章对本书选题的缘由、研究对象、研究目标、理论背景、研究意义，以及本书的语料范围做了简要的介绍和说明。

第 2 章首先定义了"谓头"位置，其次对"谓头"位置的句法功能、汉语"谓头"位置的特点、汉语中"谓头"位置的确认与鉴别等问题给予了分析和解释。

第 3 章探讨了语法范畴、语法手段和语法位置三者之间的关系。本章首先把语法范畴分为了"非句子功能范畴"和"句子功能范畴"两种，其中前者包括"处置范畴"、"话题范畴"、"焦点范畴"和"使役范畴"等等；而后者包括"语气范畴"、"否定范畴"、"复句关联范畴"和"时体范畴"等等。其次本章谈到了四类语言手段，即形态手段、词汇手段、语音手段和语法手段，其中常见的语法手段有"添加"、"移位"和"重叠"三种。本章探讨了三个语法敏感位置（即句首位置、句尾位置和"谓头"位置）和句子功能范畴之间的句法实现关系。在此基础上，本章把"投射"分为两个层面，即语法成分的投射和语法特征的投射。

第 4 章分析了"谓头"位置和语气范畴之间的表达和实现关系。通过对汉语普通话、汉语方言、少数民族语言，以及英语、法语、日语等外国语言的考察，探讨了在"谓头"位置上是如何通过三种有限的语法手段实现"疑问语气范畴"、"祈使语气范畴"、"感叹语气范畴"，甚至"虚拟语气范畴"的表达的。

第 5 章分析了"谓头"位置和否定范畴之间的关系。在汉语中，可以通过在"谓头"位置添加否定词"不"和"没（有）"来表达全句平面的否定。当否定词添加在"谓头"位置上时，否定是作用于整个句子范围的；然而在具体的句子中，否定中心是不同的，它的选择取决于独立于否定本身的焦点选择。日语也可以通过在"谓头"位置上添加否定词来表达全句平面的否定。在英语中，当否定词前置时，往往伴随着"助动词—主语"的移位倒装操作。

第 6 章分析了"谓头"位置和复句关联范畴之间的关系。通过调查汉语及其他语言复句中关联标记的位置情况，本章发现汉语中的复句关联标记位置灵活多样，可以出现在分句的句首位置、句尾位置和"谓头"位置上。研究表明，汉语中既有前置词，也有后置词，这就导致了它既有位于句首的前置连词，也有位于句尾的后置连词。而关联标记能出现在"谓头"位置上，是由于汉语句子中心的特殊性。在双主语句式和动词复制句中，复句关联标记位置的复杂性实则是句子结构递归，造成"谓头"位置的多层次性而导致的。

第 7 章探讨了"谓头"位置与时体范畴之间的关系。现代汉语缺乏表示时意义的语法形态，时意义的表达主要是通过词汇手段实现的；然而，现代汉语中的体意义却是通过丰富而稳定的体标记实现的。本章在前人研究的基础上，把现代汉语中的体标记分为两类：一类是动词前的体标记，如"有"、"正"

和"在",它们都是添加在"谓头"位置上的,即位于 Aspect 的节点下,引导自己的最大句法投射 AspP;一类是动词后的体标记,如"着"、"了"和"过",它们是位于一个没有语音形态的轻量动词 v 节点下的,由于它们是不能独立存在的黏着语素,因此它们能吸引 V 节点下的动词上移与之结合。这种分析在不违背经济原则的条件下,一方面肯定了体标记有自己的独立投射,一方面说明了动词前附加语的分布问题;不仅如此,它还能合理解释现代汉语中体标记的共现和叠用现象。

第 8 章对本书的研究背景、意义、研究内容,以及本书的遗留问题和后续研究做了一个简短的总结。

目　录

第1章　绪　　论

1.1 选题的缘由

1.1.1 什么是"谓头"位置

徐杰（2006：51-61）首次提出"谓头"位置这个概念，他把"谓头"位置定义为句子中心占据的语法位置，在线性语序上，这个位置大体就是谓语起头的那个位置。尽管"谓头"位置的概念是徐杰首次提出来的，但是关于等价于"谓头"位置的研究成果并不罕见。

1.1.2 前人关于"谓头"位置和句子功能范畴的认识和研究

1.1.2.1 关于等价于"谓头"位置的文献介绍

Chomsky（1981）首次提出句子的中心就是那个从定式动词身上离析出来的功能性的"曲折范畴"形态变化 INFL（它是 Inflection 简写式，后来进一步简写为 I），句子实际上是以曲折范畴 INFL 为中心的短语，亦即 IP。生成语法认为 INFL 是若干句法成分的结合体，包括时态、体貌、情态、语态、否定等语素，到底包括多少成分因具体分析而异。理论上，任何表示曲折范畴的形态标记都可以记为 I，它可以是时态，可以是体貌，可以是语态，可以是情态，可以是否定等等。

20 世纪 80 年代后期 Pollock（1989）提出多重 INFL 假设，主张将 INFL 分割成许多表示单一句法功能的小成分，如代表时态的 T，代表句法成分一致关系的 Agr，代表否定的 Neg，以及体貌、语气等。

因此，生成语法学者是把表示时态、一致关系、否定、体貌、情态等语素都看成是句子的中心成分，它们都可以位于句子中心 INFL 的位置上。

汉语语法学者没有明确定义汉语的句子中心，因此关于汉语句子中心位置的句法成分这个问题一直以来也是没有给予明确的回答。对汉语句子的句法分析大都是比照英语来进行的，汉语句子中心位置上的句法成分被学者们随意性地在结构上或表示为体貌，或表示为语态，或表示为情态，或表示为否定（参见石定栩 2002：132-156；何元建 2007：69-91）。

可见，不管是在形态曲折变化丰富的语言中，还是在汉语这种没有曲折形态变化的语言中，句子中心位置在句法分析中都起着相当重要的作用。

INFL 占据的位置从线性语序上看似介于句子主语和谓语之间，而汉语语法学家都或多或少地关注过介于句子主语和谓语之间的位置。

朱德熙（1982：95）谈到主语和谓语之间的结构关系是最松的，主要体现在它们之间往往可以有停顿，"啊"、"呢"、"吧"、"嘿"等语气词可以添加在主语后，从而跟谓语隔开。

朱德熙（1985a）还发现在很多汉语方言中，陈述句的主语和谓语之间可以添加一个疑问副词"可"构成疑问句。黄正德（1988a）、刘丹青（1991）、吴振国（1998）、徐烈炯 & 邵敬敏（1999）等都对这个问题进行了相关的讨论。

沈开木（1984）、吕叔湘（1985）、钱敏汝（1990）、徐杰 & 李英哲（1993）、李梅（2007）等都谈到在汉语句子主语和谓语之间添加否定词"不"或"没（有）"可以表达否定。

陆俭明（1983）、周刚（2002）、曹逢甫（2004）等都观察到在汉语中，复句关联标记可以添加在主语和谓语之间的位置上。

句子中心占据的位置是一个句法位置，也就是说，I 位置是一个句法位置，它是功能性成分占据的句法位置。无论是生成语法学者还是传统语法学者都对句法位置的重要性问题给予了高度的重视。

在生成语法中，"句法位置"被提到了一个相当重要的地位，任何一种句法结构，都必须按照 X- 阶标图式进行投射，句法结构中的任何一个句法成分都必须在图式上占据合适的位置。题元角色的赋予和格位的指派都是和具体的句法位置直接挂钩的，而不是通过动词和名词的语义关系来进行的。题元角色是谓词分派在结构位置上的，被分派了题元角色的位置叫"论元位置"，不能得到论元的位置叫作"非论元位置"。一个论元要想按照"题元角色标准"的要求得到一个题元角色，就必须出现在那个被分派了题元角色的论元位置上；当它在这个结构位置上得到了一个题元角色而后需要移动并离开这个位置时，它便可以把从这个位置上得到的题元角色带走，进而满足"投射原理"的一个要求。

"格理论"是关于名物性短语分布的理论，按格理论的规定，所有的名物性短语都必须有格，因此必须出现在一个有格的位置上。要想让一个位置有格，首先必须有一个能够分派格的词项，能够分派格的词项有动词、介词和曲折范畴等。这些格的分派者，按照一定的分派方向和距离，向一个特定的结构位置分派格。一个被分派了格的位置叫作"格标记位置"，在这个位置上名物性短语可以得到按格理论规定应该得到的格。如果一个名物性短语出现在一个没有格标记的位置，那么这个名物性短语就无法在这个句子里生存，而含有无格名物性短语的句子便成了不合语法的句子。这种关于名物性短语必须有格的规定叫作"格筛选"（the Case Filter）。

在生成语法中，句子成分的句法范畴以及结构位置决定它的语法功能，换句话说，也就是语法功能是按结构位置和句法范畴来定义的（具体详见何元建 2007：124-125）。试举例如下：

（1）主语 =[标定语，IP]

（2）宾语、补语 =[补足语，VP]

（3）状语 =[附加语，VP/IP]

以上例句中的语法功能分别诠释如下：

主语：它在 VP 或 IP 的标定语位；句法范畴 = 名词性短语（NP）/限定词短语（DP）/句子（CP）/其他。

宾语：它在 VP 的补足语位；句法范畴 = 名词短语（NP）/限定词短语（DP）/句子（CP）/其他。

补语：动词如果不带宾语，补语也在 VP 的补足语位；但句法范畴 = 形容词短语（AP）/介词短语（PP）/小句（VP 或 IP）/其他。

状语：它是 VP 或者 IP 的附加语。句法范畴 = 副词短语（ADVP）/名词短语（NP）/介词短语（PP）/句子（CP）/助词短语（PartP）/其他。

蔡维天（2008）谈到汉语是一种孤立离散性的语言，语义关系的诠释更大程度上依赖于句法位置，即不同的句法位置赋予不同的语义诠释。例如：

（4）他们怎么会处理这件事？

（5）他会怎么处理这件事？

以上两个例句中疑问副词"怎么"出现的句法位置是不同的，例（4）中"怎么"位于情态助动词"会"之前，语义诠释为询问原因；例（5）中"怎么"位于情态助动词"会"之后，语义诠释为询问工具。

句法位置的重要性还体现在它对占据该句法位置句法成分的"词类功能"的制约，尤其是动词、形容词占据主宾语位置时词类的归属问题。

针对"这本书的出版"、"技术的进步"、"这种谦虚"等结构和向心结构理论的矛盾，生成语法学者从各个角度都进行了解释，试图维持向心结构理论的同时又承认作主宾语的动词、形容词维持原有的词类属性。

程工（1999b：128-144）借用"DP假说"，他认为"他的来"一类结构之所以在整体上是名词性，是因为它的中心词—冠词决定的。由于冠词有 [+N] 的性质，使得整个短语也具有了 [+N] 的性质，而其中的动词之所以保留了动词的特征是因为它的 [+V] 性质没有改变。

司富珍（2004：26-34）运用"中心语理论"把这类结构中的中心语归结为功能性中心语"的"，在"这本书的出版"中，不管"出版"和"这本书"是什么词性，仅凭中心语"的"就可以判定该结构的整体功能是名词性的。中心语"的"具有 [+N] 的特点，因此整个结构也具有了 [+N] 的特点。

其他生成语法学者，如熊仲儒（2001：228-236）、何元建 & 王玲玲（2007：13-24）等也从其他的角度对相关问题进行了阐述。

传统语法学者们就这个问题也展开了激烈的讨论。

黎锦熙 & 刘世儒（1960：7）等认为动词和形容词在作主宾语的时候词性完全发生了变化，变成了纯粹的名词，也就是"名物化"或"名词化"了。

朱德熙（1980）认为动词和形容词在作主宾语的时候词性完全不变。

吕叔湘（1979：51）、施关淦（1981：8-12）等主张把主宾语的动词和形容词分析成动名词和形名词，即名词和动词/形容词的一个混合体。

胡裕树 & 范晓（1994：82）等认为在语法平面上，作主宾语的动词和形容词仍然是动词和形容词，因此名词化是不存在的；然而在语义平面上，作主宾语的动词和形容词则从表示动作变成了表示指称或事物，因此"指称化"（即"名物化"）了。

在此基础上，张国宪（1998：384-392）明确提出了句法位置对同现关系的制约。一方面，每一个词类都有激活其句法表现形式获得最大实现值的典型句法位置，而一旦偏离这一句法位置时其典型的句法表现形式会衰减或丧失；另一方面，每一句法位置都能赋予占据其位置的词以特殊的句法表现形式，从而使得词类中某一成员占据非典型句法位置时，会获得一些本词类其他成员所不具备的非典型的表现形式。在句子平面上通过句法位置实现从陈述形态到指称形态的互相转化是一种无标记转化，如动词、形容词处于主宾语位置就是从陈述形态转化为指称形态，名词处于谓语位置就是从指称形态转化为陈述形态。

1.1.2.2 关于句子功能范畴的研究成果介绍

在结构主义的理论模式下，广义的语法范畴是各种语法形式表示的语法意义的概括。广义语法范畴，从语法形式上看，包括所有显性语法形式和隐性语法形式；从语法意义上看，包括所有结构意义、功能意义和表述意义。如结构范畴：主谓结构、动宾结构等等；功能范畴：名词、动词等词类范畴；情态范畴：陈述、疑问等语气范畴。狭义的语法范畴是由词的形态变化表示的语法意义的概括，又称形态语法范畴或形态范畴。常见的语法范畴主要有：与名词相关的"性"范畴、与名词相关的"数"范畴、表示词语之间结构关系和语义关系的"格"范畴、与动词相关的"时"和"体"范畴、表示主语与动词的语义关系的"态"范畴、表示句子的语气或情态的"式"范畴、表示动词与主语在人称上的一致关系的"人称"范畴、表示性质状态的程度的"级"范畴等等。

结构主义语法、格语法、生成语法、认知语法等语法学流派都对句子功能范畴进行过直接或间接的论述。

贺阳（1994：26-38）谈到语气、否定、情态、时体等语法范畴都是完句成分，它们对短语成句起着制约作用。

黄南松（1994：441-447）提到疑问、反问、祈使、感叹四种语气都有成句作用，否定也可以帮助短语自主成句。肯定性、陈述性的以动词为谓语的主谓短语要自主成为一个句子须具备时体范畴或某种功能语法范畴。

邢欣（1998：331-340）认为汉语中的短语与句子的关系并不是平等的，不能简单地根据一个短语加上语调可直接成句就判定它们是一种"实现关系"（吕冀平1982）。当一个主谓结构成为句子时，往往带有一些表示语法关系的情状词，如副词，情态助词"着"、"了"、"过"，趋向动词等。汉语中的短语并不是直接成句的，而是经过静态到动态的转变，由下位的短语上升到上位句子层次的。

储泽祥（2004：48-55）谈到小句是最基本的动态语法单位。所谓"动态性"，主要指语调和语用效应。小句有语调或语气（陈述、祈使、疑问、感叹等），有语用效应（传情达意），这些动态因素是短语、词或语素所不具备的。

菲尔墨（2002）把句子分为情态（modality）和命题（proposition）两部分，用公式表示为 Sentence（句子）→ Modality + Proposition，或简写为 S → M + P。情态包括否定（negation）、时（tense）、式（mood）和体（aspect）等跟全句有关的情态成分。简单的命题核心是由一个述谓成分（predicator, 可以是动词、形容词或名词）跟一个或几个实体（entity）结合而成。每一个实体都跟该述谓成分有一种叫作"深层格"（deep structure case）的语义关系。

何元建（1995：36-44）谈到了一个动词短语 VP 和一个由动词短语 VP 构成的句子的区别，尽管动词短语 VP 是一个完整的功能合成，但在结构上一定要包含否定成分、或疑问成分、或动词的体貌、时态成分等等，才能在结构上成其为一个句子。

Dirven & Verspoor（1998：79-102）认为一个句子就像是一个洋葱（sentence onion），事件图式（event schema）处于核心部分，背景成分逐层向外按如下顺序排列：体、时态（tense）、情态和语气（mood），它们共同为概念组合提供背景信息。句法的作用就是把概念组合在一起表达事件，一个复杂的句法构式（construction）包含如下成分：事件图式、句子类型（sentence pattern）和背景成分（grounding elements）。（详见彭利贞 2007:19-20）

1.1.3 前人研究存在的问题

以上的论述是关于等价于"谓头"位置的文献介绍和关于句子功能范畴的

研究成果介绍。毫无疑问，前人的研究虽然取得了很大的成绩，但是仍存在着一定的局限性和进一步发展和升华的巨大空间。

首先，汉语语法学者没有明确定义汉语的句子中心，没有对汉语句子中心位置上的句法成分给予明确的分析和说明。对汉语句子的句法分析大都是比照英语来进行的，汉语句子中心位置上的句法成分被生成语法学者们随意性地在结构上或表示为体貌，或表示为语态，或表示为情态，或表示为否定。

多数汉语语法学家也关注过汉语中介于主语和谓语之间的位置，以及与这个位置相关的一些语法现象，但是研究只局限在现象的观察和描写上，没有深入到相关现象的解释和说明这个层次。

其次，前人的研究中也较多地涉及句子功能范畴，但是各家在理论定位上未能区分同属于非线性语法范畴的句子功能范畴和非句子功能范畴，在分析实践上自然对许多问题长期纠缠不清。除此之外，未见有人把句子功能范畴联系起来通盘考虑，统一处理；并且将句子功能范畴和"谓头"位置联系起来研究的成果甚少，更未见有成果系统地研究二者之间的句法对应实现关系。

1.2 本书的研究对象与研究目标

"谓头"位置是语法敏感位置之一，很多与句子功能范畴表达有关的语法操作都可以在"谓头"位置完成（徐杰 2006：51-61）。

首先，在"谓头"位置上可以通过"重叠"、"添加"和"移位"手段来实现疑问范畴的表达。例如：

（6）a. 你会不会开车？（汉语普通话）

    b. 明朝你去去赣州？（江西于都客家方言）

       明天你去不去赣州？

    c. 粥食食？（福建长汀客家方言）

       稀饭吃不吃？

    d. $\text{nω}^{33} \text{ dza}^{33} \text{dzω}^{33} \text{ dzω}^{33}\text{o}^{34}$？（彝语）

       你 饭 吃 吃 了

       你吃饭了吗？

（7）a. 耐阿晓得？（苏州话）

你知道不知道？

b. 他格是你弟弟？（昆明话）

他是不是你弟弟？

c. 你克喜欢看电影？（合肥话）

你喜欢不喜欢看电影？

（8）Will John buy the house?

从上面的例句可以看到，汉语普通话、江西于都客家方言、福建长汀客家方言和彝语都是通过在"谓头"位置采用"重叠"手段来表达疑问范畴的；苏州话、昆明话和合肥话则分别是在"谓头"位置添加疑问副词"阿"、"格"和"克"来表达疑问范畴的；而英语则是通过对占据"谓头"位置上的助动词will的"移位"操作进行疑问范畴的表达的。

其次，"虚拟范畴"也可以在"谓头"位置通过"添加"或"移位"来实现表达。例如：

（9）a. 他们如果（假如）不来，我们就去。（北京话）

b. 君若不来，将独伐秦。（古代汉语，《国语》）

c. Tanaka-ga kuru nara, watashi-wa ika-nai.（日语）

田中　　　来假如　我　　去－不

田中假如来的话，我就不去。

（10）Had Judita studied harder last fall, she would not have to take so many courses this spring.

北京话、古代汉语，以及日语分别是通过在"谓头"位置上添加"如果（假如）"、"若"和"nara"来表达虚拟范畴的；而英语则是通过移动占据"谓头"位置的助动词had到句首位置实现虚拟范畴的表达的。

另外，在汉语中还可以通过在"谓头"位置添加否定副词"没（有）"、"不"来实现否定范畴的表达。例如：

（11）他们没能来开会。

（12）我们不会赞成他胡扯八道。

例句中的否定副词"没"和"不"都是添加在"谓头"位置上的。

语法位置在整个语法系统中占有重要地位。在上述研究的基础上，本书试图以"谓头"位置这一特定的语法位置为研究对象，对"谓头"位置上实现的句子功能范畴做一个充分的刻画、描写、说明和解释。所以，本书的研究对象是："谓头"位置的定义、特殊性质、句法功能、汉语"谓头"位置的特点、汉语中"谓头"位置的确认与鉴别，以及"谓头"位置和句子功能范畴之间的实现和表达关系，研究的重点是句子功能范畴是如何在"谓头"位置通过相关语法手段实现的。

而本书的研究目标是：在充分观察语言事实的基础上，试图找出制约这些表面语言事实的背后句法动因，在此基础上进行跨语言比较和抽象概括归纳，进而得出一些超语言的具有普遍语法意义的结论。

1.3 本书的理论背景

1.3.1 采用原则与参数理论的理论框架

本书的整个理论背景是生成语法理论，分析具体问题时采用的是生成语法学在 20 世纪 80 年代初提出来的原则与参数理论，它是对这几十年来生成语法学研究的一个全面性、系统性和开拓性的总结，是目前生成语法学研究的主流理论。原则与参数理论是以模组理论和参数思想为核心内容的语法理论模式，其思想精髓是通过"原则"和"参数"描述不同自然语言之间的异同关系。原则具有普遍性，它们先天已经在大脑里，是语言机制的一部分，不用靠后天学习，每一个语言都应该共同拥有和遵守这些普遍的原则；参数则决定了原则应用的情况，也决定了个别语言的面貌。在原则与参数的理论模式下，我们所看到的语言中的种种语法现象都是一些相对整齐有限的语法原则在"语用"、"文化"、"认知"、"语音生理"、"语义心理"等条件的驱动和约束下，跟词库中的词汇特征和随机个案现象相互作用所造成的表面现象。所谓的"句法结构"、"特殊句式"等都不具有独立存在的语法地位，它们都是语法原则在具体语言中的实例化结果，形式语法的核心运算系统中只存在那些凌驾于具体句法结构的，甚至是凌驾于具体语言的"语法原则"。

1.3.2 原则与参数理论的几个基本理论假设

下面简单介绍一下本书采用的几个基本理论假设。

1.3.2.1 X- 阶标理论

在生成语法的原则与参数理论中，短语和句子都是按照 X- 阶标理论构成的。根据 X- 阶标理论，任何短语或者句子结构 XP 都是其中心语 X 的最大投射，所有的短语或者句子结构都是以 X 为中心语的向心结构。在 X- 阶标图式中，中心语节点称为零投射（zero projection; Xo），也称为最小投射（minimal projection）；零投射与其补足语（Complement，简称 Comp）合并形成可递归使用的 X- 阶标投射（X-bar projection; X'），也叫中间投射（intermediate projection），X' 可以与附加语（adjunct）形成更大的 X'，附加语的附加始终保留附加目标的原有语法地位，因此 X' 是一个具有可递归性的节点；X' 再和指示语（Specifier，简称 Spec）合并，得到最大投射（maximal projection; XP）。如图 1-1：

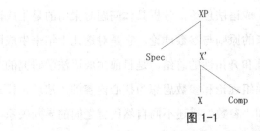

图 1-1

在 X- 阶标图式中，X 代表任何一种作中心语的单词语类，它可以是词汇性的单词语类，如名词 N、动词 V、形容词 A、介词 P；它也可以是功能性的单词语类，如轻动词（light verb）v、曲折词 I、标句词 C。Spec 或 Comp 出现在结构的哪一侧由具体语言的参数值确定，中心词项的在前还是在后的确定不是按具体的词项规定的，而是抽象为一个统一的 X 规定出来的。

何元建（1995：36-44）提到各种短语结构的生成都是通过遵循 X 标杠理论的二阶投射和双支结构两个基本原理采用插入法和附加法两种方式完成的。

X- 阶标理论所要体现的一个重要的句法理念就是要维护 Kayne（1984）所讲的词组结构的二分叉原则，也就说，XP 中的任何一个节点最多都只能有两个分叉。

1.3.2.2 曲折短语投射 IP

按照 X- 阶标理论，所有的句法结构都是有中心的，都是向心结构，包括传统分析中认定的虚词结构和主谓结构。Chomsky（1981）首次提出句子的中心就是功能性的"曲折范畴"形态变化 Inflection（简写为 INFL，后来进一步简写为 I）。如图 1-2：

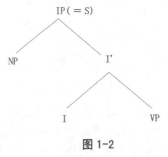

图 1-2

在支配及约束理论时期，I 代表一组句法功能，是曲折、时态、体貌、语气、情态、疑问等许多句法功能的总和。后来，Pollock（1989：365-424）提出了 INFL 分裂假说，将 INFL 分裂成若干功能性成分，每个功能性成分都可以进行投射，形成自己的最大投射。这些功能性成分都可以统记为"I"，比如：I 可以是时态，可以是体貌，可以是语态，可以是情态，可以是否定等等；由这些功能性成分投射生成的短语结构就统记为 IP。

1.3.2.3 轻动词短语 vP

轻动词短语最初是在 X 阶标理论时期，为了保证在维护 X 阶标的二分叉原则的前提下对双宾语句式进行合理分析而由 Larson（1988）提出来的。他主张将动词词组 VP 纳入另外一个空中心语的 vP 结构，这个空中心语的 vP 结构最初被称为 Larson 壳（Larson shell），后来在最简方案阶段被称为 vP 壳。vP 壳被进一步设计成了一个中心语为轻动词的最大投射，即轻动词词组，而不再是一个空中心语的最大投射。

轻动词 v 一般没有具体的语音值，甚至缺少某些具体的句法特性，它不是一个词汇语类，而是一个语缀，呈强语素特征；因此，它要触发下层 VP 中的动词 V 进行移位且并入 v 来核查自身的特征。也就是说，轻动词 v 不能独立存在，必须依赖词根 V 的支撑才能存在，而词根 V 经过中心语移位（即"V—to—v"）就造就了句子的表面语序（如图 1-3）。轻动词理论在形式语法的运作过程中起着极为重要的作用（Larson 1988：335-391）。

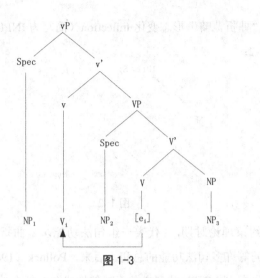

图 1-3

从图 1-3 中可以看到，这一结构包含 vP 与 VP 两层谓语，下层 VP 是上层 vP 的补语。下层谓语以 V 为其核心，而上层谓语的核心 v 则是一个不带语音成分的"轻动词"。少了语音成分，v 不能独立成词，于是 V 移位补入 v 的位置，结果就得到了我们看到的表面结构。

1.3.2.4 转换理论移动 - α

在生成语法的各个理论模块中，"X- 阶标理论"负责生成句子的 D- 结构；转换理论"移动 - α"负责实现从 D- 结构到 S- 结构的转换；其他理论模块，有"边界理论"、"支配理论"、"题元理论"、"约束理论"、"格理论"和"控制理论"，主要是对转换的结果进行筛选，移动的最终结果必须符合各个理论模块的要求。

移动 - α 是一种抽象的、凌驾于具体句型之上的移动方式。α 表示一个任意选定的需要移动的句法成分，它可以是一个词，也可以是一个短语，它可以在句中随意移动，从结构中的一个位置移到另一个位置。

主要的移动有 NP 移位、wh- 移位和中心语移动（Head movement）。NP 移位和 wh- 移位的移动对象都是短语。NP 移位的终点是主目语位置，也称为"主目语移位"（A movement），NP 移位主要指被动句的形成；wh- 移位的终点是非主目语位置，也称为"非主目语移位"（A' movement），wh- 移位主要指英语疑问句的形成。

中心语移位移动的是一个中心语，它从一个中心语位置移至另一个中心语位置，包括"V—to—v"移动、"V—to—I"移动、"I—to—C"移动等。

1.3.2.5 空语类（empty category）

空语类指的是一类在句中没有声音形式，但是在句法上与显性成分一样活跃的隐性形式。它是可以根据某个词语的结构性质确定其前后应该联系而实际没有出现的成分。建立空语类的目的主要是为了保证根据语类规则建立的最基本的句法结构形式在深层结构和表层结构都保持不变，也就是为了保证对基本句法结构中动词和名词的基本语义关系进行充分的语义解释（陆俭明、沈阳 2003：150-182）。

空语类主要有四种，即"NP 语迹"、"Wh- 语迹"、"PRO"、"pro"。请看下面的例句：

（13）a. The woman$_i$ was murdered t$_i$ for money.

　　　b. The girl$_i$ seems [$_{IP}$ t$_i$ to know nothing about it.]

　　　c. （那几件衣服）$_i$ 他洗了 t$_i$。

　　　d. 他把（那几件衣服）$_i$ 洗了 t$_i$。

（14）Who$_i$ did [$_{IP}$ John meet t$_i$]?

（15）a. John$_i$ promised [PRO$_i$ to visit Las Vegas].

　　　b. John persuaded Mary$_i$ [PRO$_i$ to go by herself].

　　　c. 他 $_i$ 打算 [PRO$_i$ 洗那几件衣服]。

　　　d. 父母嘱咐他 $_i$ [PRO$_i$ 洗那几件衣服]。

（16）pro Ha parlato.

　　　　　has spoken

　　　（他 / 她）讲过话了。（意大利语，转引自温宾利 2002：179）

"NP 语迹"和"Wh- 语迹"都是移位后留下的虚迹。例（13）中的 t$_i$ 都是"NP 语迹"，它们分别是名词短语"the woman"、"the girl"和"那几件衣服"移位后留下的虚迹；例（14）中的 t$_i$ 是"Wh- 语迹"，它是疑问词 who 移位后留下的虚迹。如图 1-4 所示。

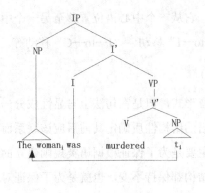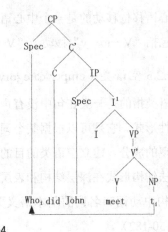

图 1-4

空语类 PRO 总是出现在非时态分句中，它没有独立的所指，需要依靠先行语的控制获得指称意义。PRO 的控制分为主语控制和宾语控制两种，前者是指 PRO 受到主句主语的控制，如例（15）中的 a 和 c 句，它们分别和主句主语"John"和"他"同指；后者指 PRO 受到主句宾语的控制，如例（15）中的 b 和 d 句，它们分别和主句宾语"Mary"和"他"同指。如图 1-5 所示。

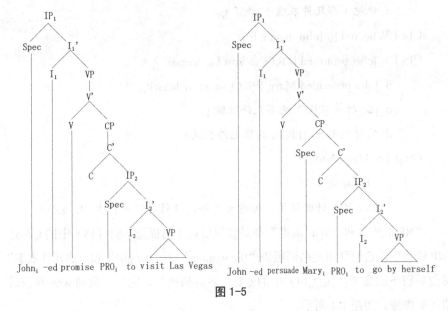

图 1-5

然而，PRO 和 pro 则都是直接生成的。在意大利语和西班牙语中，允许空语类在时态分句的主语位置上出现，这种空语类即 pro，如例（16）所示。因此，像意大利语、西班牙语这样允许pro存在的语言称为代词省略语言或空主语语言。

1.3.2.6 逻 辑 式

支配及约束理论的 D- 结构主要表达句子成分之间的语义关系，而 S- 结构表达成分之间的结构关系。词库中的词经投射产生 D- 结构，从 D- 结构到 S- 结构的过程由移动 -α 完成，移动的最终结果必须符合各个理论模块的要求。S- 结构之后的句法流程分为两路，一路通向语音形式（Phonetic Form; PF），另一路通向逻辑形式（Logical Form; LF）。语音形式就是我们交谈时发出和听到的具体语言形式，逻辑形式主要是作为句子的语义表达式。整个句法流程见图 1-6。

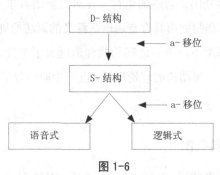

图 1-6

从图 1-6 中我们可以看出，D- 结构转换为 S- 结构是通过"α - 移位"实现的，S- 结构到逻辑式的转换也通过"α - 移位"。不同的是，逻辑式中发生的移位是抽象移位，不影响句子的 S- 结构形式。设立逻辑形式的目的是充分体现语义，具体操作办法是让句子成分进入语义关系所要求的位置。如果某一成分的 S- 结构位置不能体现其语义地位，就必须通过移动 -α 挪到应有的逻辑形式位置上，即 LF- 移动。

1.4 本书的研究意义

本书首先明确定义了汉语的句子中心，提出了"谓头"位置，结束了一直以来对国外理论生搬硬套，导致对很多汉语语法现象模糊处理的局面，而是真正地借鉴国外理论来解决汉语问题，将国外的先进语法理论与中国特色的汉语语法现象结合起来。

其次，本书首次关注到了汉语中介于主语和谓语之间的位置的重要性，并且看到了语法位置和语法范畴二者之间的关系，在此基础上，第一次将"谓头"位置和句子功能范畴联系起来，并系统地研究二者之间的句法对应实现关系。

本书的研究不仅仅是对语言事实进行刻画描写分类的研究，而是在已有的语言事实的基础上所做出的居高临下的具有统摄性的提炼概括和分析解释，充分体现了语言事实观察的充分性、描写的充分性和解释的充分性。

本书以"谓头"位置这一特定的语法位置为研究对象，通过这一特定的语法位置与各种句子功能范畴之间的关系来挖掘它的句法敏感性。本书的研究以汉语普通话的语料为主，在此基础上援引汉语方言、汉藏语系的其他语言以及英语、法语、日语等外国语言中的语料，在对大量语言事实进行观察描写分析的基础上，抽象概括和归纳出具有普遍语法意义的语法原则。

在本书的分析框架下，语言之间的共性远远大于个性，通过不同语言之间的比较可以得出跨语言超结构的理论概括，进一步向语言学中的"柏拉图问题"的谜底揭开而靠近。

1.5 本书的语料范围

本书所涉及或参考的语言有：汉语普通话、汉语方言、汉藏语系其他诸语族语言、外国语言等。

本书的例句一部分是引自其他文献中的例句，在文中都一一注明了；一部分是来自北京大学汉语语言学研究中心现代汉语语料库的，也在文中注明了出处；另外一小部分则是自己造的正确例句。

第 2 章 "谓头"的定义和"谓头" 位置的句法功能

2.1 句子中心的定义和句法功能

2.1.1 美国结构主义的离心结构和向心结构

美国结构主义的代表人物布龙菲尔德（1980：239-242）在其代表作《语言》中，明确把句法结构分为向心结构和离心结构两类。

向心结构即有中心语的结构，其结构体的形类至少与一个直接成分的形类相似，向心结构中与结构体的出现权相同的那个成分是中心语。"相似"是指两者出现权的范围大致重合（参见霍凯特 2002：196）。

向心结构分为并列向心结构和从属向心结构两类。并列向心结构中的两个或两个以上的成分都属于同一个形类，如"boys and girls"这个结构跟组成它的两个成分"boys"、"girls"都属于同一个形类。"形类"即在较大形式的构成中具有同样出现权的一类形式（"形类"的概念参见霍凯特），也就是传统语法中所说的语法功能。并列向心结构中的组成成分都是中心词，它们通常是由并列连词来连接的；而从属向心结构和组成它的某一个直接成分属于同一个形类，这个直接成分就是中心词。如"poor John"和它的组成成分"John"具有相同的句法功能，因此"John"就是中心词，"poor"则是修饰词。

离心结构即没有中心词的结构，它不属于直接成分的形类。英语中最典型的离心结构就是"施事—动作结构",即传统语法中的主谓短语,如"John ran"。除此之外,英语中的离心结构还有"关系—轴心结构",即传统语法中的介词短语,如"beside John"、"with me"、"in the house"、"by running away"等。"从属结构"也是一种离心结构,通常是由一个从属连接词和一个施事—动作短语构成,如"if John ran away"。归结起来,离心结构包括我们现在所说的"主谓结构"、"介词结构"和"从属连词结构"。

2.1.2 生成语法理论认为所有的句法结构都是向心结构

生成语法经过标准理论、扩展了的标准理论以及经过修正的扩展了的标准理论这三个阶段后,进入到支配及约束理论时期已经是一种相当成熟的理论了。支配及约束理论共有八个理论模块,它们在句法过程中各司其职,将整个过程分片包干,以核查结果的方式在不同的阶段控制生成或者转换过程,保留合资格的结构,淘汰不符合要求的。其中"X-阶标理论"负责生成句子的D-结构;转换理论"移动-α"负责实现从D-结构到S-结构的转换;其他理论模块,有"边界理论"、"支配理论"、"题元理论"、"约束理论"、"格理论"和"控制理论",主要是对转换的结果进行筛选,移动的最终结果必须符合各个理论模块的要求。

"X-阶标理论"认为所有的句法结构都是向心结构,都有中心。作为句法结构的中心成分既可以是词汇性的,也可以是功能性的。

2.1.3 句子中心的定义和句法功能

生成语法认为传统语法认定的离心结构主谓结构(即句子)也是有中心的。句子的中心成分既不是主语,也不是谓语,而是从定式动词身上离析出来的一个独特的功能范畴"曲折范畴"(Inflection),这个曲折范畴是"时态"特征和"呼应态"特征的融合体,它可以给主语位置上的名词短语指派主格格位。

在英语类等具有形态变化的语言中,曲折范畴通常是由表示时态和呼应态的粘着语素表现的,或者是由助动词等自由语素表示的,它们都是词汇形态意义下的曲折范畴。

徐杰(2006:51-61)认为汉语没有印欧系诸语言那种形态变化,因此没有经典意义下的曲折范畴,但是汉语句子也有中心,它是一个没有外在语音形式的功能项"谓素"(predicator),而英语类语言的句子中心是"时态"特征、"呼应态"特征和"谓素"三项语法因素的融合体。他认为句子中心不仅具有给主语位置上的名词短语指派主格的语法功能,而且它还以自己特有的方式限制谓语,规定可以充当谓语成分的语法单位类型。英语类语言的句子中心要求谓语必须是动词或动词性短语,以便和句子中心的"时态"特征结合在一起;而汉语的句子中心功能项"谓素"对谓语成分的唯一要求就是"述谓性",只要是具有"述谓性"特征的语法单位就可以在汉语中充当谓语,包括动词、形容词、名词和句子。

句子中心除了给主语位置上的名词短语指派主格格位和对谓语位置上的语法单位进行类型筛选这两项语法功能外,它还可以对属于全句的句子功能范畴做出反应。

2.2 "谓头"位置的特殊性及其句法功能

2.2.1 句子中的特殊位置

在线性语序上,一个句子就是一串词线性排开,词与词之间似乎平等地参与组合成句,再配上一定句调,来表达一个意思。至少在表面上,似乎没有什么语法位置与众不同。但是,人们在长期以来的语法分析实践中还是凭借直觉和语感,有意无意地把某些位置"另眼相看"。

其中,最为汉语学者所熟悉的莫过于"句尾"(又称"句末")这个位置了。一个明显的证据是,汉语语法学文献中经常可以看到学者们用"句尾"来确认和称呼某些词类,如"句末助词"(太田辰夫 1958/2003)、"句末语气词"(王力 1985)、"句末语气助词"(邢福义 1996)等。这种做法本身就清楚地表明,人们认为句尾位置与众不同,有其特殊性,需要单独识别出来。阅读所及,我们还没有看到汉语语法学界有人用任何其他语法位置来定义和称呼其他任何词类。这不是偶然的!

翻查国外文献可知,西方理论语法学界其实也比较重视"句尾"位置。跟我们中国语法学研究有所不同的是,在西方语言学论著中,学者们不仅重视句尾位置,还对另外一个位置情有独钟,那就是"句首"位置(详参 Dooley 1986; Thompson 1998; Dorgeloh, Heidrum 2004 等)。

跨语言地看,句首位置有着跟句尾平行互补,同等重要的语法地位。就拿对疑问范畴的表达来说，我们知道汉语和日语两种语言在句尾位置使用疑问助词 [例（1）和（2）]；也有很多语言在句首位置使用疑问助词，如墨西哥和美国南加州地区使用的一种名为 Zapotec 的语言和博茨瓦纳某些土著使用的 Xoo 语言就是在句首使用专表疑问的助词 [例（3）和（4）]。

（1）她买房子了吗？

（2）Anatawa honwo kaimasu-ka?

　　　你　　书　　　买 - 疑问助词

　　　你买书吗？（日语，例引 徐杰 2001: 174）

（3）Nee nuu bisoze-lu?

　　　疑问助词 父亲 - 你

　　　你父亲在吗？（Zapotec 语，例引 Thompson 1998: 311）

（4）Lu　　tuu　　a　sii?

　　　疑问助词 人 时态 来

　　　人来了吗？（Xoo 语，例引 Traill 1994: 18）

更能体现句首和句尾两位置平行与互补特性的是，在某些语言中，疑问助词既可用于句首位置，也可以用于句尾位置，但不能同时用于句首和句尾两个位置。刚果境内班图人使用的一种名为 Hunde 的语言就是如此（例引 Kahombo 1992: 171）。

（5）mbéni　ámukátsí mu-lómbe

　　　疑问助词 woman　　懒惰

　　　那女人懒惰吗？

（6）ámukátsí mu-lómbe hé

　　　woman 懒惰 疑问助词

　　　那女人懒惰吗？

（7）* mbéni　ámukátsí mu-lómbe hé

　　　疑问助词 woman 懒惰 疑问助词

总之，在广阔的跨语言视野下，这两个位置之所以特殊，主要是因为它们经常用来对 "疑问" 等句子功能范畴做出形式语法意义下的反应。而本书所说的 "句子功能范畴" 是广义的句子功能范畴，其范围除了包括 "疑问"、"否定"等狭义的句子功能范畴外，还包括"条件"、"因果"等句际关系范畴（参见徐杰 2010）。

我们之所以把各种句际关系范畴也纳入句子功能的范围，是因为这些关系范畴常表现出跟典型句子功能平行一致的特征。比方说，汉语中的"假设"句际关系范畴就是通过"添加"语法操作实现的。如同前引 Hunde 语，汉语的假设助词既可用于句首位置 [例（8）]，也可用于句尾位置 [例（9）]；跟 Hunde 语不同的是，汉语的句首假设助词和句尾假设助词还可以同现一个句子中 [例（10）]（董秀英、徐杰 2009）。

（8）如果你不来，我们就没法开会。

（9）你不来的话，我们就没法开会。

（10）如果你不来的话，我们就没法开会。

句际关系范畴跟典型的句子功能范畴在概念层面上也有相通之处。关系本身也是一种功能。如果说疑问句的功能是提出一个疑问，那么假设复句中条件分句的功能则是提出一个条件。

总而言之，句首跟句尾一样，都是有特殊意义和特殊地位的语法位置，可以把这种位置称作"语法敏感位置"。但是，句子中的语法敏感位置并非仅仅是句首和句尾两个。徐杰（2005；2006）曾经提出，句子还有第三个敏感位置，亦即谓语部分起头的"谓头"位置。句子中不存在第四个敏感位置。

2.2.2 什么是"谓头"位置

徐杰（2006：51-61）提出"谓头"位置就是句子中心占据的位置，在线性语序上，这个位置大体就是谓语起头的那个位置。

"谓头"位置是一个语法位置，而不是一个语用位置，它不同于多数语法教科书中所提到的"句中"位置。占据在这个位置上的是功能性的句法成分，这个功能性的句法成分与结构中的其他成分之间存在一定的结构关系，因此，很多位于句中的语用成分就不能算作是在"谓头"位置上。在英语类语言中，"谓头"位置通常是被实实在在的、有外在语音形式的时态曲折词缀，或者助动词占据；而在汉语中，"谓头"位置是一个没有外在语音形式的空位置。

2.2.3 SVO 语言和 SOV 语言中的"谓头"位置

从线性语序上来看，"谓头"位置在 SVO 语言和 SOV 语言中的表现是不一样的。在 SVO 语言中，如"英语"和"汉语"等，"谓头"位置通常是处于主语和谓语之间的一个位置；而在 SOV 语言中，如"日语"等，"谓头"位置则是处于句子末尾的一个位置。如图 2-1 和图 2-2 所示：

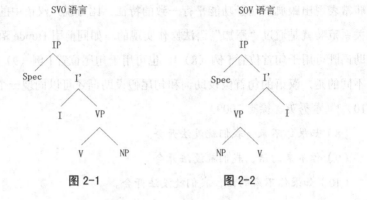

图 2-1   图 2-2

2.2.4 "谓头"位置的强大句法功能

跟句首和句尾两个特殊位置比较，"谓头"位置在对句子功能做出反应等方面具有更强大的句法功能。这主要体现在以下两个方面。

第一，"谓头"位置为更多类型的语法操作提供了平台。

语法操作，顾名思义指的是在语法形式上所采用的手段方式。它作用于某种基础形式，作用的结果将产生新的派生形式。跟"语法手段"相对的是"词汇手段"和"语音手段"。徐杰（2005）曾经指出，任何语言所拥有的语法手段都可以划分为有限的三个大类，即"添加"、"移位"和"重叠"。

在三类语法操作手段中，受制于移位条件的约束以及词法条件的限制，句首和句尾只能进行"添加"一种语法操作，不能进行"移位"和"重叠"语法操作；但是"谓头"位置可以。下面表达疑问范畴的语法操作实例可以清楚地显示这一点。

2.2.4.1 谓头移位

移位的对象是移入"谓头"位置的语法成分（如助动词）。其典型案例就是英语的疑问句，其构成执行的是"I 至 C"中心语移位语法操作。

（11）Will she buy a house?

（12）What will she buy?

2.2.4.2 谓头重叠

重叠的对象是移入"谓头"位置的语法成分（如助动词）。如果没有助动词，该位置空置，重叠的对象是可以相继移入"谓头"位置的语法成分（如动词和形容词）。重叠有简单重叠（AA式，如江西于都客家方言，引自谢留文1995）和复杂重叠（A不A式，如汉语普通话）两类。

（13）明朝你去去赣州？（明天你去不去赣州？）

（14）你食食酒？（你喝酒不喝酒？）

（15）a. 你会不会开汽车？

b. 你开不开汽车？

（16）a. 你能不能教他学计算机？

b. 你教不教他学计算机？

（17）a. *你会开不开汽车？

b. *你能教不教他学计算机？

有助动词，不能重叠主要动词，因为助动词已经占据了中心语位置，没有位置可以容纳移入的动词。

2.2.4.3 谓头添加

"添加"就是另外嵌入一个没有词汇意义而只有语法功能的所谓"虚词"。我们知道，汉语表达疑问范畴的基本手段是在句尾添加疑问助词。[1]但是，在运用添加语法手段表达疑问范畴时不一定要用语气词，也不一定非要用在句尾，还可以在"谓头"位置进行添加语法操作。许多汉语方言都采用在VP前（即"谓头"位置）添加疑问助词造成一个"KVP"疑问句。这个疑问助词在苏州话中是"阿"，昆明话中是"格"，合肥话中是"克"（朱德熙1985a）。

（18）耐［阿］晓得？（苏州话，意"你知道不知道？"）

（19）［阿要］吃点茶？（苏州话，意"要不要喝点茶？"）

（20）你［格］认得？（昆明话，意"你认得不认得？"）

（21）你［克］喜欢看电影？（合肥话，意"你喜欢不喜欢看电影？"）

在这些汉语方言中，如果"谓头"位置没有被助动词占据，当然就可以直

---

[1] 许多学者称为"疑问语气词"或"句末语气词"。但是，正如本书多次提到的，表示疑问的助词不一定用在句末。因此，本书统一用"疑问助词"称之。

接把疑问助词添加在此位置 [以上除（19）外各例]。即使已经有助动词占据，仍可以让疑问助词加进去；因为疑问助词和助动词同属功能性语类，可以分享同一个语法位置。同属功能语类的语法单位有时甚至可以在这个位置上进行词汇和语音融合。[1]

从最早注意到这一现象的朱德熙先生开始迄今，语法学界的主流做法是把 KVP 问句处理为一种特殊的反复问句，其实二者性质完全不同。在没有反复问句，甚至完全没有重叠语法手段的语言中也可以看到在"谓头"位置使用疑问助词的现象。比如见于老挝、缅甸、泰国、越南和我国西南，属于苗瑶语族的一种名为 Hmong Njua 的语言就是这样。这种语言没有句法重叠式，没有反复问句，但是却在"谓头"位置使用疑问助词（Harriehausen 1990: 205；Dryer 2005:374）。

（22）kuv cov nyaaj puas   nyam hoob pee

　　　我 几个 阿姨 疑问助词 喜欢 唱 歌曲

　　　我的几个阿姨喜欢唱歌吗？

第二，"谓头"位置更常用以实现词组和句子之间的转化。

朱德熙先生（1985b）曾指出汉语中句子的构造原则跟词组的构造原则基本上一致，进而提出了把词组和句子看作是一种"实现关系"的观点。邢福义先生（1996）则认为句子并非仅仅是词组的"实现"而已。他提到小句是由短语和句子特有因素构成的。徐杰（2005）也曾发展上述邢先生观点，认为词组和句子二者之间是一种"转化关系"，且从词组到句子的转化，以及从句子到词组的转化都可以通过"谓头"位置来实现。

首先，"谓头"位置能够实现从词组到句子的转化。根据邢先生的观点，在词组的基础上添加句子语气成分和复句关联词语等句子特有因素可以得到一个小句。句子语气成分和复句关联词语等都可以通过"添加"语法手段进入"谓头"位置，除此之外，我们还可以通过对占据"谓头"位置成分的重叠和移位来表达句子语气。

---

[1]　如汉语中同属功能语类的否定词和助动词就可以在"谓头"位置进行融合，两个音节变成一个音节："不用 ⇒ 甭"。同理，英语的否定词和助动词也可以在这个位置进行融合"will not ⇒ won't"（详见徐杰 2006）。阅读所及，中外语言中就未曾见过功能语类（如助动词）跟词汇语类（如动词）融合的现象。

其次，"谓头"位置还能实现从句子到词组的转化。

在英语中，有这样一些词语，它们能够把一个句子降级为另一个更大的句子结构的论元成分，即把句子单位转化为类似词组的从句单位，如 that, for, if 和 whether。例如：

（23）They say that John will study Mandarin.

（24）I wonder whether/if John will study Mandarin.

在汉语中，也存在这种使句子降级为词组的词语，如上古汉语中的"之"。"之"的句法功能和"that"非常类似，它能够取消句子的独立性，使得它引导的具有陈述意义的句子只能作为一个更大句子结构中的某一个句法成分出现。不同的是，"that"添加在句首位置，而"之"则添加在"谓头"位置。

（25）民恐王之不好勇也。（《孟子·梁惠王下》）

（26）吾不知子之神人而辱。（《列子·黄帝》）

2.2.5 汉语"谓头"位置的特点

2.2.5.1 汉语"谓头"位置的句法敏感性

句首、句尾和"谓头"三个位置正好都是不同意义下的句子中心语所占据的位置，而句子的中心语本来就是由功能性成分而非词汇性成分充当的。其中句首和句尾是中心语 C 占据的位置，而"谓头"则是中心语 I 所占据的位置。C 是带有标句词的句子的中心语，I 是不带标句词句子的中心语。其中，I 是核心的，必有的；C 是边缘的，可选的。句子中心语位置之所以对全句的功能范畴反应敏感则是因为句法短语（syntactic phrase）与其中心语（head）之间的"承继"关系（Percolation）造成的结果。

Cole & Sung（1990）曾经对向心结构中语法特征的承继关系进行过较为清晰的描述。他们认为整个句法短语的语法特征应该跟其中心语相同或相近。Cole & Sung 描述的语法特征承继关系的具体情形可归纳为下列（27）。

（27）a. 母节点所有子节点的语法特征都会上传给母节点。因是之故，母节点的语法特征将会是所有子节点特征的集合。

b. 但是，当子节点之间发生特征冲突时，母节点将会承继作为中心语的节点的特征。

c. 在特征下传时,语法特征将会从母节点下传到中心语子节点,而不会下传给其他子节点。

2.2.5.2 汉语"谓头"位置的容纳性

汉语"谓头"位置不像英语类语言那样被实实在在的、有外在语音形式的时态曲折词缀,或者助动词占据,它是一个没有外在语音形式的空位置,因此它允许其他成分移位进入此位置,也允许外来的语法成分添加在此位置上。

2.2.5.3 汉语"谓头"位置的层次性

汉语的句子中心只包含一个功能项"谓素",它不同于英语类语言的句子中心,因此它在筛选谓语、指派主格等方面都有不用于英语类语言的表现。

汉语句子中心对充当主语成分和谓语成分的制约条件是相当灵活的,不似英语类语言那样严格。首先,在汉语中,主语位置上有无名词短语是完全自由的,空主语句在汉语中是允许的;而在英语中,不允许主语位置空置,所谓的"无主句"是不存在的,即使意义上不需要主语,也要在形式上增加一个没有语义内容的"傀儡主语"it 或者 there 填补空白的主语的位置,从而满足句法结构的要求,这正是生成语法理论中"扩充的投射原则"的要求,即每个句子都必须有主语。徐杰(2001:87-116)把两类语言对主语成分的筛选和制约归结于两种语言中句子中心的不同格位指派类型。格位指派者分为"必选型"和"可选型"两类,英语类语言的句子中心属于"必选型"格位指派者,它必须把自己的派格能量释放出去,不允许主语位置空置;而汉语的句子中心属于"可选型"格位指派者,主语位置上有名词短语的话,它可以给它指派主格,那里不需要名词短语的话,它也允许主语位置空置,因此在汉语中允许空主语句的存在。

其次,在汉语中,不仅动词性成分可以充当谓语,名词性成分、形容词性成分,甚至句子结构都能充当谓语成分;而在英语中,只有动词性成分才能充当谓语。徐杰(2001:87-116)把两类语言对谓语成分的筛选和限制归结于两类语言句子中心性质的不同。汉语句子中心是个没有语音形式的功能项"谓素",它对谓语成分的唯一要求就是"述谓性",只要有"述谓性"特征的语法单位都可以在汉语中充当谓语,包括动词、名词、形容词和句子。当句子结构充当句子谓语部分的时候,就造成了句子结构的递归,每一个句子结构都包含有一个"谓头"位置，句子结构每递归一次，都会相应地产生一个"谓头"位置，这样"谓头"位置就呈现出层次性。

2.3 汉语中"谓头"位置的确认与鉴别

从原则上说，"谓头"位置就是作为句子中心语的 I 位置。但是，句子的中心语由哪些要素构成因语言而异。英语类语言句子中心语由"时态"、"一致态"和"谓素"三项要素融合而成，而汉语类语言只是由一个没有外在语音形式的功能项"谓素"构成（详参徐杰 2001）。

在英语类语言中，句子中心语的时态和一致态等功能要素需要动词性实体词汇项支撑以便进行承接和整合。有助动词时，这个助动词就可以通过"Aux → I"上移至 I "谓头"位置来承接句子中心的功能要素；动词不能越过助动词上移至 I 位置跟句子中心的功能要素进行整合，只能留在原位，并维持其动词原形。当这个"谓头"位置没有助动词时，中心动词就会经由"V → I"上移至 I 位置来承接句子中心的功能要素。所有这些最终造成的表面语法现象是，在线性语序上，跟时态和一致态整合过了的助动词和动词在各相应句子中均占据主语之后的谓语开头的语法位置，"谓头"位置清晰可辨。

而汉语的句子中心只是一个没有外在语音形式的功能项"谓素"，它没有时态和一致态等功能项，因此它并不非得要动词性实体词汇项的支撑。结果我们看到，助动词或动词形容词等在各相应句子中占据"谓头"位置。

但是，一些看似反例的现象让看似简单的问题变得复杂起来。下列带有时间词"明天"、"刚才"、"经常"和"偶尔"的句子就无法像没有时间词的句子那样执行重叠操作。

（28）a.* 他明天不明天会来？

　　　b.* 他刚才没刚才走了？

（29）a.* 他经常不经常来看你？

　　　b.* 他偶尔不偶尔旷课？

（28）和（29）之所以表面看来是反例，是因为"明天"等词语表面上占据"谓头"位置，但却不能像助动词、动词和形容词那样执行重叠操作来表疑问。此外，这些句子不可接受的原因也不大可能是因为"明天"等词语跟疑问句的功能特征在语义上冲突,因为如果我们采用汉语另外一种核查疑问特征的方式——在句尾位置加用疑问语气词,句子却是可以接受的。

(30)a. 他明天会来吗?

　　　b. 他刚才走了吗?

(31)a. 他经常来看你吗?

　　　b. 他偶尔旷课吗?

从全局来看,我们认为,汉语之所以有上述复杂现象,是因为汉语句子中心语不包含时态和一致态等要素,因此并不非得要动词性实体词汇项的支撑。此外,汉语谓语起头位置除了可出现助动词、动词、形容词外,还可以出现如时间名词、时间副词、频度副词,甚至介宾词组等状语性修饰成分。当多种性质不同的语法单位同时出现于主语跟助动词或动词形容词之间时,到底哪里算是"谓头"位置就变得复杂起来,需要可靠的形式语法标准来进行科学的确认与鉴别。

现在我们回到例(28)和(29)。首先,(28)组两句跟(29)组两句之间差异明显,应分别处理。其一,(28)中两句的状语可以移至句首位置,而(29)中两句的状语只能留在主语之后,不能移至句首位置。

(28')a. 明天他会来。

　　　 b. 刚才他走了。

(29')a.* 经常他来看你。

　　　 b.* 偶尔他旷课。

其二,(28)中"明天"和"刚才"虽不能重叠来核查疑问特征,但却不影响后面的助动词和动词执行此种操作。而(29)就不同了,不仅"经常"、"偶尔"不能重叠表疑问,其后动词也不能重叠表疑问。

(28")a. 他明天会不会来?

　　　 b. 他刚才走没走?

(29")a.* 他经常来不来看你?

　　　 b.* 他偶尔旷课不旷课?

这两点差异意义重大,意味着(28)和(29)不可接受的原因不同。我们认为,(28)组两句中的状语"明天"和"刚才"虽然位于主语之后,动词之前的位置,但它们并不是谓语的一部分。正如蔡维天(2007)所指出的,主语之后,动词之前出现的修饰成分应分两类：一类是修饰谓语的"谓语内状语"，另一类是修饰全句的"谓语外状语"。

我们可以把"谓头"位置进一步确定为排除"谓语外状语"之后的谓语起头位置。蔡维天还指出，划分内外状语的界标是情态助动词（如"会"、"可以"）、量化副词（如"很少"）和否定词（如"没"、"不"）三类。我们大体赞同这种看法，但是要特别对蔡文补充的一点是，这三类界标本身是三类谓语内状语，而非谓语外状语。做此判断的论据之一是，这三类成分之间可交互修饰。

（32）a. 他会不理睬我的。

　　　b. 他不会理睬我的。

　　　c. 他很少会理睬我的。

依此诊断标准，上列（28）组两例中的"明天"、"刚才"（以及同类的"明年"、"下个月"、"先前"）应属典型的谓语外状语。

（33）a. 他明天会来。

　　　b. 他刚才没要走。

此外，前述有关此类句子的两大特征也支持把"明天"和"刚才"处理为谓语外状语。首先，这些成分可以移至句首位置说明其作用域本来就是整个句子。其次，它们虽然自身不能执行重叠操作，但却不影响后面的助动词和动词执行此种操作来核查疑问特征，也说明它们未占据"谓头"位置，因此不会拦阻下面的语法成分移至该位置进行重叠操作。

依据同样判断标准可知，上列（29）组句子中的"经常"、"偶尔"是谓语内状语。因为如下列例句所示，作为界标的助动词和否定词可以用在该类成分的前面。而"经常"和"偶尔"本身就可以跟"很少"一起，归入蔡维天所述的第三类界标："量化副词"。

（34）a. 他不经常来看你吗？

　　　b. 他会偶尔旷课吗？

此外，这类成分也不能像外状语那样移至句首位置也支持把它们分析为内状语。至于该类成分自身不能重叠表疑问是它们的一项需个案处理的词汇特点，后面的动词形容词不能重叠是因为"经常"、"偶尔"占据了"谓头"位置，它们无法越过进入该位置以实现该项语法操作。

综上所述，本书所谓的"谓头"位置在英语类语言中是助动词或者中心动词占据的位置；在汉语类语言中是最左侧的谓语内状语占据的位置，内外状语的界标是助动词、量化副词和否定词。

至于为什么是这三类成分而不是其他语法成分能成为内外状语的界标，我们认为是可以解释的。首先，助动词和否定词这些功能性成分本身就跟句子中心语有着高度依存关系，无须赘述。至于量化副词，蔡维天仅举"很少"一孤例，并未展开论述。我们认为，除已列举的"很少"、"经常"、"偶尔"外，"曾经"、"已经"、"常常"、"刚"等等也应归入此类副词。若果如此，那么蔡文的原用术语"量化副词"恐怕难以周全精确概括，我们想到的另外一个术语是"时间频度副词"，亦即意义上跟时间和频度相关的副词。有意思的是，同样是跟时间有关的词语，表时间的名词"明天"、"将来"是外状语，而表时间的副词"经常"、"刚"却是内状语，二者有着截然不同的句法表现和语法地位。且不说其中的原委颇堪玩味，这个基本事实在拥有"可/格/克"类疑问助词的汉语方言中就能得到清晰无误的印证。请看下列来自昆明方言的例子。[1]

（35）a. 你格认得？

b. 你格会突然想他？

（36）a. 你明天格上课？

b. 你将来格会常来看我？

（37）a.* 你格明天上课？

b.* 你格将来会常来看我？

（38）a. 他格经常来看你？

b. 你格是刚走？

（39）a.* 他经常格来看你？

b.* 你刚格（是）走？

在昆明方言中，"格"用在句中表疑问，是个句中疑问助词。有助动词时，"格"一定要用在助动词前面 [如（35b）]；没有助动词时，"格"才能直接用在动词前面 [如（35a）]。有理由相信，在昆明方言等 KVP 型汉语方言中，"格"

---

[1] 这里使用的昆明方言的例句系根据齐春红、陈青妮等友人提供的语料综合整理。在此向他们表示感谢！

类疑问助词是"谓头"位置的最左侧界标。若果如此，这就直接解释了，（36）至（39）各组例句在合乎语法性方面的对立，印证了本书有关时间名词"明天"、"将来"是外状语，时间副词"经常"、"刚"是内状语的分析结果。

2.4　"谓头"位置跟其他两个敏感位置的分工与互补

对句子功能范畴敏感的语法位置有三个：句首、句尾和"谓头"。句子功能范畴只能在句首、句尾和"谓头"三个敏感位置中某一个上，在有独立存在意义的语法条件约束下运用添加、移位和重叠三类语法手段之一来进行核查。各语言中的相关现象都是这个潜在能力在各自条件下实例化的结果，都是对这个封闭系统的有限选择。我们认为，这是个适用于包括汉语在内的各种语言的普遍语法原则（UG principle）。

但是，至少是在表面上，不同语言对句子敏感位置的选择和使用呈现出各自为政的多样性。有的语言选用句首，有的选用句尾，还有的选用"谓头"。更多的语言从这三个位置中选用其中两个，甚至三个。下面以大家所熟悉的汉语、英语和日语为例来说明此种多样性的一个方面。

首先，英语选用的是句首和"谓头"位置，从不使用句尾位置。选用句首位置时使用的语法手段当然只能是添加，而选用"谓头"位置时虽理论上可以使用添加、移位和重叠三种语法手段，但是实际上只看到移位一种手段的运用，未见添加和重叠。

（40）The coach wonders [if the girl should stay].

（41）Will she buy a house?

其次，日语仅仅选用句尾位置。

（42）Tanaka-ga kuru　nara, watashi— wa ika nai.

　　　田中　　　来　假如　我　　　去 不

　　　田中假如来的话，我就不去。

（43）Anatawa honwo kaimasu ka?

　　　你　　　书　买　疑问语气词

　　　你买书吗？

但是，有理由相信，日语也同时使用了"谓头"位置，这是因为该种"主—宾—

动"语言的主要谓语动词正好也是处于句尾位置。换句话说,日语中的"谓头"位置和句尾位置在线性语序上是重合的。其中一个证据是,包括日语在内的多数语言中的否定副词总是出现于"谓头"位置(马宏程、熊雯、徐杰 2010),而该副词"nai"("不")在日语中也是在句尾位置,如例(42)所示。

再次,众所周知,汉语选用了句首、句尾和"谓头"三个位置。比如,汉语表达假设范畴时,可以使用句首、句尾和"谓头"三个位置中任何一个位置,也可以同时使用句首或"谓头"加句尾位置;语法手段均为添加。句首和"谓头"添加的是"如果"、"要是"或"假如",句尾添加的是"的话"(详见董秀英、徐杰 2009)。

表面上看,不同语言对三个敏感位置的多样化选用呈现出一种"乱局"。但是深入分析之后我们发现,"乱局"的背后有章可循,有理可据。不同语言在选用三个敏感位置上的差异主要取决于各语言对"中心语位置参数"的不同赋值。这个有独立存在意义的重要参数有两个赋值选项:一类为"中心语居前"(head-initial),典型代表即为英语;另一类为"中心语居后"(head-final),典型代表是日语。汉语是一种倾向于中心语居后类语言(如中心语在定语和状语之后),同时又有中心语居前类语言的特点(如多数宾语都位于动词之后)的混合型特殊语言。三种语言在对"中心语位置参数"赋值上的差异恰到好处地解释了它们对三个句子敏感位置选用的结果,一如预期。

英语之所以选用句首和"谓头"两个敏感位置是因为它是一种典型的中心语居前的语言。作为句子中心语的 C 和 I 当然分别位居其补足语 IP 和 VP 之前,而 IP 之前正是句首位置,VP 之前正好是"谓头"位置。同样是因为英语是一种中心语居前语言,它从不使用句尾位置。

(44)句首 C: <u>C</u> + IP

(45)谓头 I: <u>I</u> + VP

日语之所以选用句尾兼"谓头"位置是因为它是一种典型的中心语居后的语言,作为句子中心语的 C,理所当然地位居其补足语 IP 之后;同时,另外一个句子中心语 I 也位居其补足语 VP 之后,C 和 I 线性上在 VP 之后重合,句尾和"谓头"两位置在此合并使用。同样也是因为日语是一种中心语居后语言,它从不使用句首位置。

（46）句尾 C/ 谓头 I：IP（= VP + I）+ C

汉语之所以选用句首、句尾和"谓头"三个位置是因为它一方面基本上是一种中心语居后的语言（因而使用句尾位置），另一方面又兼有中心语居前语言的特点（因此使用句首和"谓头"位置）。

从以上的讨论还可以看出，"谓头"位置是优选敏感位置。各语言不一定选用句首，也不一定选用句尾，但是所有的语言都会选用"谓头"位置。日语表面上不使用主语和谓语之间那个"谓头"位置，但是深入分析之后发现，这种语言的谓语起头位置不在谓语之前，而在谓语之后，跟句尾位置线性重合。所有这些，都充分说明"谓头"位置的特殊地位。

2.5 小结

"谓头"位置同句首和句尾位置都是用以实现句子功能范畴表达的语法敏感位置。三者中，"谓头"位置的容量和功能最为强大。句首、句尾和"谓头"三个位置之所以对句子功能范畴敏感是因为它们正好都是句子中心语（I 和 C）所占据的位置；而句子中心语位置对句子功能范畴反应敏感则是因为句法短语与其中心语之间的"承继"关系造成的结果。本章认定，汉语中"谓头"位置即是排除谓语外状语之后谓语最左侧的起头位置。在非 KVP 汉语方言中，助动词、时间频度副词和否定词是"谓头"位置的左侧界标；在 KVP 汉语方言中，"可 / 克 / 格"类疑问助词是"谓头"位置的的左侧界标。跨语言地来看，"谓头"位置跟句首和句尾位置呈现出互补分工状态。不同语言在选用三个敏感位置上的差异主要取决于各语言对"中心语位置参数"的不同赋值。

第3章 语法范畴、语法手段和语法位置之间的关系

3.1 语法范畴

在结构主义的理论模式下，广义的语法范畴是各种语法形式表示的语法意义的概括。广义的语法范畴，从语法形式上看，包括所有显性语法形式和隐性语法形式；从语法意义上看，包括所有结构意义、功能意义和表述意义。如结构范畴：主谓结构、动宾结构等等；功能范畴：名词、动词等词类范畴；情态范畴：陈述、疑问等语气范畴。狭义的语法范畴是由词的形态变化表示的语法意义的概括，又称形态语法范畴或形态范畴。常见的语法范畴主要有：与名词相关的"性"范畴、与名词相关的"数"范畴、表示词语之间结构关系和语义关系的"格"范畴、与动词相关的"时"和"体"范畴、表示主语与动词的语义关系的"态"范畴、表示句子的语气或情态的"式"范畴、表示动词与主语在人称上的一致关系的"人称"范畴、表示性质状态的程度的"级"范畴等等。

在生成语法的理论模式下，何元建（2007：73）指出广义上的语法范畴（grammatical category）包括三部分：①跟句子的动词有关的范畴，如时态（tense）、体貌（aspect）、语态（voice）、情态（modality）、否定（negation）等；②跟句子中名词性成分有关的范畴，如处置（disposal）、话题（topic）、焦点（focus）、使役（causativity）等；③跟句子的语气有关的范畴，如陈述语气（declarative）、

疑问语气（interrogative）、祈使语气（imperative）、感叹语气（exclamative）等；而狭义上的语法范畴专指跟动词有关的范畴。

根据语法范畴是否跟整个句子有关的标准，我们把语法范畴分为非句子功能范畴和句子功能范畴两种。非句子功能范畴不是跟整个句子有关的，而句子功能范畴是构成一个句子的必要的语法要素，它们是成句或者完句成分。下面我们将分别论述。

3.1.1 非句子功能范畴

根据上面我们判别非句子功能范畴和句子功能范畴的标准，在何元建先生对广义语法范畴的三分系统中，跟句子中名词性成分有关的范畴，而跟句子的动词以及跟句子的语气有关的范畴则属于句子功能范畴。则属于句子功能范畴，如处置范畴、话题范畴、焦点范畴、使役范畴等属于非句子功能范畴。

3.1.2 语言学史上对句子功能范畴的论述

结构主义语法、格语法、生成语法、认知语法等语法学流派都对句子功能范畴进行过直接或间接的论述。

3.1.2.1 结构主义语法

贺阳（1994：26-38）谈到语气、否定、情态、时体等语法范畴都是完句成分，它们对短语成句起着制约作用。

黄南松（1994：441-447）提到疑问、反问、祈使、感叹四种语气都有成句作用，否定也可以帮助短语自主成句。肯定性、陈述性的以动词为谓语的主谓短语要自主成为一个句子须具备时体范畴或某种功能语法范畴。

在汉语中，句子和词组是有明显区别的。作为句子，它一般要具备时体范畴或功能语法范畴，疑问、反问、祈使、感叹等形式所以能自主成句，也是因为它具备了这几种语气形式；而词组作为一个静态单位与这些均无关系。

邢欣（1998：331-340）认为汉语中的短语与句子的关系并不是平等的，不能简单地根据一个短语加上语调可直接成句就判定它们是一种"实现关系"（吕冀平1982）。当一个主谓结构成为句子时，往往带有一些表示语法关系的情状词，如副词，情态助词"着"、"了"、"过"，趋向动词等。汉语中的短语并不是直接成句的，而是经过静态到动态的转变，由下位的短语上升到上位句子层次的。

储泽祥（2004：48-55）谈到小句是最基本的动态语法单位。所谓"动态性"，主要指语调和语用效应。小句有语调或语气（陈述、祈使、疑问、感叹等），有语用效应（传情达意），这些动态因素是短语、词或语素所不具备的。

3.1.2.2 格语法与生成语法

菲尔墨（2002：31-65）把句子分为情态（modality）和命题（proposition）两部分，用公式表示为 Sentence（句子）→ Modality + Proposition，或简写为 S → M + P。情态包括否定（negation）、时（tense）、式（mood）和体（aspect）等跟全句有关的情态成分。简单的命题核心是由一个述谓成分（predicator, 可以是动词、形容词或名词）跟一个或几个实体（entity）结合而成。每一个实体都跟该述谓成分有一种叫作"深层格"（deep structure case）的语义关系。

何元建（1995：36-44）谈到了一个动词短语 VP 和一个由动词短语 VP 构成的句子的区别，尽管动词短语 VP 是一个完整的功能合成，但在结构上一定要包含否定成分、或疑问成分、或动词的体貌、时态成分等等，才能在结构上成其为一个句子。

3.1.2.3 认知语法

Dirven & Verspoor（1998：79-102）认为一个句子就像是一个洋葱（sentence onion），事件图式（event schema）处于核心部分，背景成分逐层向外按如下顺序排列：体、时态（tense）、情态和语气（mood），它们共同为概念组合提供背景信息。句法的作用就是把概念组合在一起表达事件，一个复杂的句法构式（construction）包含如下成分：事件图式、句子类型（sentence pattern）和背景成分（grounding elements）。（详见彭利贞 2007:19-20）

Taylor（2002）指出，时态变化与主语—动词一致与情态词呈现互补分布（complementary distribution），这是因为它们都是背景成分，这些句法装置中的某一个为小句提供了背景，别的装置就不再为该小句提供背景。

3.1.3 本书句子功能范畴的范围

本书所说的句子功能范畴是广义的句子功能范畴，其范围除了包括"疑问"、"否定"、"时体"等狭义的句子功能范畴外，还包括"条件"、"因果"等句际关系范畴。句子功能范畴是一个至关重要的概念，应从以下两个方面进行理解。

其一，这里所说的句子功能范畴不是语用学意义下的、或是语义学意义下的，又或是语篇学意义下的句子功能范畴；它是指语法学意义下的句子功能范畴。它仅是指那些在形式上带有特定语法效应的句子功能范畴。这些特定语法效应主要是在句首、谓头和句尾三个句子敏感位置上通过语法手段（即添加、移位和重叠）进行的语法操作。（参见徐杰 2010:101-106）

其二，句子功能范畴是依附于全句的语法功能，而不是依附于句子成分的语法功能。语法范畴分为"非句子功能范畴"和"句子功能范畴"两种。"非句子功能范畴"依附于句子成分，如"话题范畴"、"焦点范畴"、"处置范畴"和"使役范畴"等，它们都是依附于句中名词性成分上的。而"句子功能范畴"则依附于全句，是构成一个句子的必要的语法要素，它们是成句或完句成分，如"疑问范畴"、"否定范畴"、"复句关联范畴"等等。

下文的论述将主要是集中在"语气范畴"、"否定范畴"、"复句关联范畴"、"时体范畴"这四大句子功能范畴。

3.2 语法手段

3.2.1 四类语言手段

语法范畴都是通过特定的语言手段来表达的，常见的语言手段有四种，即形态手段、词汇手段、语音手段、语法手段。

3.2.1.1 形态手段

（一）通过形态手段表示否定范畴

在英语中，可以通过否定前缀或者后缀的添加来表达否定意义。表示否定的前缀有"un-"、"dis-"、"im(ir、in、il)-"、"a-"、"non-"，如"untrue"、"dislike"、"impossible"、"irregular"、"inactive"、"illegal"、"amoral"、"non-toxic"等；表示否定的后缀有"-less"，如"careless"等。

汉语中也可以通过"不"、"无"、"非"等否定词来构成表示否定意义的新词语，如"不对"、"不满"、"无私"、"无耻"等。通过这种形态手段表示否定意义是属于词汇层面的否定。

　　在藏缅语族的普米语和羌语中，通过形态手段可以表达全句层面的否定。

　　在普米语中，通常是在位于句末的动词前面添加否定词缀 ma^{55} 和 $mə^{55}$ 来表达全句否定；如果动词后有体后缀时，否定词缀则要放在动词和体后缀之间。例如：

　　（1）a^{55} phzən^{55}mi^{55}　m a^{55}din^{31}.

　　　　　我　普米　　　不　是

　　　　　我不是普米族。

　　（2）tə^{55} g ə^{55} mə^{55}ʃɿ^{55}.

　　　　　他　　没　去

　　　　　他没去。

　　（3）a^{55} ʃɿ^{55}m a^{31}–ʃe^{55}.

　　　　　我　去 不（将行体）（转引自刘丹青 2008：142）

　　在羌语中，否定词缀通常是插在趋向前缀和词根之间，例如：

　　（4）tʰa: da–kək staka adzəl　dzə–mi—łə.

　　　　　他（趋）走 以后 一直（趋）–没–回来

　　　　　他走了以后一直没有回来。（转引自刘丹青 2008：142）

　　（二）通过形态手段表示使役范畴

　　通过构词手段表示使役范畴，即通过在谓词上附加表示使役意义的词缀，即"谓词＋使役形态词缀"（详见何元建 2007：163-167）。在英语中，"en-"、"-en"、"-fy"、"-ize"等词缀都是表示使役意义的，例如：

　　（5）Arts en rich life.

　　　　　艺术丰富生活。

　　（6）They wid en ed the road.

　　　　　他们加宽了马路。

　　（7）Advertisements often beauti fy reality.

　　　　　广告常常美化现实。

　　（8）Don't politic ize the issue.

　　　　　别把这个问题政治化了。

在阿姆哈里语（Amharic）中，"使吃"的意义是通过"使役形态词缀 + 谓词"这样的派生词来表达的。如：

（9）Abbat lə ğu–n səga a–bälla.

父亲 男孩 – 宾 肉 使役形态—吃 + 过去时 + 人 3

父亲喂男孩吃肉。

在克丘亚语（Quechua）中，"使懂"的意义是通过"谓词 + 使役形态词缀"这样的派生词来表达的。如：

（10）Nuqa wawa–man yaca–či—ni.

我 孩子 – 与 懂 – 使役形态 – 人 1

我教孩子（这个）。

在班图—科萨语（Bantu-Xhosa）中，"使买"和"使看"的意义都是通过"谓词 + 使役形态词缀"来表达的。如：

（11）Nidi—theng–is–e iincwadi k–umfundisi.

我 – 买 – 使役形态 – 过去时 书 + 复数 处所 – 老师

我把书卖给了老师。

（12）Ndi—bon–is–e iincwadi k–umfundisi.

我 – 看 – 使役形态 – 过去时 书 + 复数 处所 – 老师

我给老师看过那些书。

在埃塞俄比亚闪语（Tigrinya）中，"使看"的意义也是通过"使役形态词缀 + 谓词"来表达的。例如：

（13）Məsgənna nə–Bärhe mäshaf' a–r'iyu–wo.

人名 生命形态 – 人名 书 使役形态 – 看 + 过去时 – 人 3

马纳给贝尔看那本书。

3.2.1.2 词汇手段

（一）通过词汇手段表示使役范畴

有些词本身就具有使动用法，这些具有使动用法的词一类为宾格动词，一类为作格动词（何元建 2007：162-179）。

宾格动词，在汉语中，如"教（使懂）"、"喂（使吃 / 喝）"、"卖（使买）"、"赢（使输）"、"借进（使借出）"等；在英语中，如"teach"、"feed"、 "sell"、"win"、"borrow"、"kill"、"remind"、"show"、"dress"等。

作格动词，在汉语中，如"开"、"沉"、"撒"、"盛"、"滚下"等；在英语中，如"open"、"sink"、"withdraw"、"fill"、"roll"等。

（二）通过词汇手段表示否定范畴

英语中可以通过否定代词和否定副词来表示否定意义，这样的词语有"no，noway，none，nohow，no one，nowise，nobody，never，nothing，nowhere，neither，nor"等（参见曾炳衡 1964：13-20）。例如：

（14）They resemble each other in no respects.

（15）He complained of nothing.

（16）The book was nowhere to be found.

（17）Never say that again.

（18）I could remember neither his address nor his phone number.

上面例句中的"no"、"nothing"、"nowhere"、"never"、"neither"、"nor"都是表示否定意义的词语。

通过词汇手段表示的否定都是词组平面的否定。

（三）通过词汇手段表示疑问范畴

词汇手段也是疑问句中用于负载疑问信息、传达疑问功能的疑问手段之一。很多语言中的特指问句都是通过词汇手段来表达的。表达疑问范畴的词汇形式就是本身在词库中就带有疑问特征 [+Q] 的词语，包括疑问代词、疑问副词以及疑问连词等。

在汉语中，表达疑问范畴的词汇手段可以是疑问代词"谁、什么、哪儿、怎样"、疑问连词"还是"。

在英语中，表达疑问范畴的词汇手段可以是疑问代词"what"、"who"，疑问副词"when"、"where"、"why"。

印地语和匈牙利语分别用疑问代词"kyaa"和"mit"来表达疑问范畴（何元建 2007：180-190）。例如：

（19）Tum-ne us-ko kyaa diyaa?

　　　你－作 他－与 什么 给－过去时

　　　你给了他什么东西？（印地语）

（20）Tum kyaa paRh-naa caahte ho?

你 什么 读 - 非限定 要 现在时态助词

你想要读什么？（印地语）

（21）Mari mit tett az asztal-ra?

玛丽 什么 - 宾 放 - 人 3 冠词 桌子 - 在

玛丽把什么东西放在桌子上？（匈牙利语）

徐杰（2007：478-500）谈到词汇手段是先决的，是独立于疑问范畴在基础形式中给定的。词汇手段对语法手段具有排斥性与容忍性，因具体语言而异。在汉语和马来语中，处理疑问范畴时，词汇手段对语法手段具有排斥性，运用了词汇手段通常情况下就不再运用其他语法手段。例如：

（22）* 谁去新加坡吗？

（23）* 谁去不去新加坡？

（24）*Amin makan di mana-kah?

阿敏 吃饭 在 哪里 -Qu

阿敏在哪里吃饭？

（25）*Apa-kah bayi itu makan tadi?

什么 -Qu 孩子 那个 吃 刚才

那个孩子刚才吃什么？（马来语）

在英语、法语、德语、阿拉伯语、日语、瓜哇语、克丘亚语系（Quechua languages）中的茵巴布语（Imbabura）、盘诺恩语系（Panoan languages）的夏兰纳亚语（Sharanahua）中[1]，处理疑问范畴时，词汇手段对语法手段具有容忍性，运用了词汇手段通常情况下还必须运用其他语法手段。例如：

（26）What will John buy?（英语）

（27）Qui êtes—vous?

谁 是 你

你是谁？（法语）

（28）Wem glaubst du dass er meint Hans gesehen hat?

谁 - 宾 相信 你 标句词 他 认为 汉斯 看见 体貌助词

---

[1] 文中德语、阿拉伯语、日语、瓜哇语、茵巴布语（Imbabura）、夏兰纳亚语（Sharanahua）的例句都是来自何元建（2007：180-190）。

你觉得他认为汉斯看见了谁？（德语）

（29）Sheno tsawwarit　Mona Ali ishtara?

　　什么 认为－过去时 蒙娜 阿里 买－过去时

　　蒙娜认为阿里买了什么？（阿拉伯语）

（30）Mary-ga nani—o kat-ta　ka?

　　玛丽－主 什么－宾 买－完成貌 Qu

　　玛丽买了什么？（日语）

（31）Neng ndi kowe leh ngombe mau yo？

　　在哪里 你　做饮酒行为 刚才 Qu

　　你刚才在哪儿喝酒？（爪哇语）

（32）Pi—ta—taj　Maria muna-n？

　　谁－宾 －Qu 玛丽亚要－人3

　　玛丽亚需要谁？（茵巴布语）

（33）Ahuua—mun min rutu-a-quin?

　　什么 –Qu　你 杀－完成貌－标句词

　　你杀死了什么东西？（夏兰纳亚语）

从以上例句中可以看到，在英语和法语中，除了用词汇手段（即表示疑问的词语）表达疑问范畴外，还必须采取"主语—助动词"倒装的移位语法手段；在德语和阿拉伯语中，还必须采取"主语—谓语动词"倒装的移位语法手段；在日语、爪哇语、茵巴布语、夏兰纳亚语中，还必须采取"添加"疑问标记的语法手段。

3.2.1.3 语音手段

（一）通过语音手段表示使役范畴

王力先生谈到古代汉语中的自动词和使动词的配对主要是通过语音上的差异来表现的。语音上的差异或体现为声调不同，或声母清浊、送气不送气的差异，或双声，或叠韵等（转引自徐通锵 2007：1-13）。例如：

（34）去：去　丘据切，自动，《广韵》："离也。"意为"离开"。

　　　　　羌举切，使动，《广韵》："除也。"意为"使人、物离开"。

（35）败：败　薄迈切，自动，《广韵》："自破曰败。"

补迈切，使动，《广韵》："破他曰败。"、"破他"即"使败"之意。

（36）别：别　凭列切，自动，《说文》："分解也。"《广韵》："异也，离也，解也。"

彼列切，使动，《广韵》："分别。"意为使离异为二，使之有分别。

（37）见：见（现）　古电切，自动，《说文》："视也。"相当于现在的"看见"。

胡甸切，使动，《广韵》："露也。"意为"使见"（如"风吹草低见牛羊"）。

（38）籴：粜　徒历切，自动，《说文》："市谷也。"

他吊切，使动，《说文》："出谷也。"即使籴之意，让人买谷。

　　和汉语有亲属关系的藏缅语族的语言也有自动和使动的系统对立（马学良2003：393-396）。其中缅语支语言（包括缅语、载瓦语、阿昌语等）都是通过语音手段来表示使动范畴的。

　　首先，它们有送气声母和不送气声母的语音交替，不送气表示自动，送气表示使动。例如：

（39）kuɛ^{53} "破裂" —— khuɛ^{53} "使破裂"（缅语）

（40）pjit^{21} "断" —— phjit^{21} "使断"（载瓦语）

（41）tset^{55} "瞎" —— tshet^{55} "使瞎"（阿昌语）

　　其次，载瓦语有松紧元音交替的形式，松元音表自动，紧元音表使动；缅语、阿昌语有清化非清化声母交替，非清化表示自动，清化表示使动。例如：

（42）luŋ^{55} "在" —— lu̠ŋ^{55} "使在"（载瓦语）

（43）tso^{21} "吃" —— tso̠^{22} "使吃"（载瓦语）

（44）louʔ^{55} "摇" —— l̥ouʔ^{55} "使摇"（缅语）

（45）lɔt^{55} "逃脱" —— l̥ɔt^{55} "使逃脱"（阿昌语）

　　再次，载瓦语、阿昌语还有少数词是清浊擦音声母交替，浊声母表示自动，清声母表示使动；缅语、阿昌语还有少数词是零声母和清声母交替，零声母表示自动，清声母表示使动。例如：

（46）vaŋ^{51} "进入" —— xaŋ^{55} "使进入" （载瓦语）

（47）zau^{55} "漏" —— ɕau^{55} "使漏" （阿昌语）

（48）ei^{255} "睡" —— tei^{255} "使睡" （缅语）

（49）up^{55} "孵" —— xup^{55} "使孵" （阿昌语）

藏缅语族彝语支的大部分语言（包括彝语、傈僳语、拉祜语、基诺语、怒语）也可以通过清浊声母交替来表示使动范畴，浊声母表示自动，清声母表示使动。

（二）通过语音手段表示焦点范畴

重音是标记焦点的一种有效的方式。重音分为自然重音和对比重音。自然重音即句尾重音，标识的是自然焦点，通常被认为是焦点的无标记形式。对比重音是强制性的、非线性的、位置自由，相对于自然重音，用来标识对比焦点。

（三）通过语音手段表示疑问范畴

疑问范畴可以通过句末上升语调来表达，区别于陈述句常用的降调。

用语调表疑问是人类语言一种常见的手段，但并不是绝对普遍的。英语、普通话口语都能单用升调或平调表示是非问，而有些语言、方言没有区别于陈述句的语调调型，如湖南新化方言（罗昕如 1998：310-311）。

除了用语调来表达疑问范畴外，音高、音长、音强的变化也可以用来标注疑问句（刘丹青 2008：8）。

3.2.2 语法手段

3.2.2.1 三种语法手段

生成—转换语法在标准理论时期阶段包括生成和转换两大部分，其中短语结构规则负责生成最初的句子结构，而转换规则负责把生成的现成的句子结构加以改造，实现深层结构到各种表层结构的转化。其中，最主要的转换规则包括移位（move）规则、删略（delete）规则、插入（insertion）规则和复写（copy）规则等。

在此基础上，徐杰（2001：182）提出了四类语法手段，它们都是指在语法形式上所能够采用的手段和操作形式，它们作用于以深层结构为代表的语法基础形式，作用的结果将导致这种基础形式的改变。这四类语法手段如下：

Ⅰ. 添加（Adjoining）：加进没有词汇意义而只有语法功能的所谓"虚词"。

Ⅱ. 移位（Movement）：重新安排某语法成分在句子中的位置。

Ⅲ. 重叠（Reduplication）：重复某语法成分。

Ⅳ. 删除（Deletion）：删除某语法成分。

这四类语法手段中唯一没有使用的就是"删除"语法手段，其他三类语法手段具有很强的概括性，基本上是穷尽了各种可能性，它们跟不同的语法范畴匹配时会有不同的实例化方式，不同的语言在表达各种语法范畴时都是对这有限的三种语法手段不同的选择和搭配，并跟各具体语言中的其他语法规则和词汇特征相互作用，从而造成不同语言中表面上的各种语法现象。

（一）添加

当使用"添加"语法手段表达句子功能范畴时，通常是添加一些作用于整个小句或者说以整个小句为辖域的功能算子。比如，用来标注语气范畴的句末语气词、标注否定范畴的否定词、标注复句关联范畴的复句关联词语、标注时体范畴的体标记等等，它们都是属于可以以整个小句为辖域，采取"添加"语法手段进行语法操作的功能算子。

（二）移位

自 20 世纪 90 年代开始，Chomsky 在原有的原则与参数的理论模式下，提出了一套方案和纲领，即"最简方案"（Minimalist Program）。

最简方案的主要研究目标就是简化语言学的理论和探究人类语言如何以简单的操作方式运作，这两个目标都围绕着语言学的"经济"（economy）问题："方法上的经济"和"实体上的经济"。最简方案的"经济原则（特别是推导的经济性）"认为，移位的本质是不经济的，代价甚至有时是昂贵的，移位不会自发地、无目标地发生，它的动机由发音或意义等语言机制以外的因素来诱发。对于一个呈现"惰性"的语言机制而言，最理想、最完美的状态应该是"天下本无事"的状态。如果移位无缘无故地发生，那么，移位就是一种多此一举的操作，不为语法所允许。

Cheng（1991）发现，凡是疑问词在表面上没有进行移位的语言，都有一些标示是非问句的助词（包括正反问句和选择问句）。标示是非问句的助词和疑问词是否移位有一种密切的关系，这种关系在很多语言中都得到了证实。除了汉语以外，Cheng 还发现以下这些疑问词不移位的语言，都拥有疑问助词：Amharic、Egyptian Arabic、Gulf Arabic、Hindi、Hopi、Indonesian、Iraqi

Arabic、Japanese、Korean、Lardil、Navajo、Palauan、Papago、Swahili、Turkish 等。

最简方案的经济原则为疑问词移位的类型学提供了很好的解释。如果一个语言缺乏疑问助词,唯一能够标示疑问语气的方法就是被逼使用移位这种昂贵的手段,冒着有可能违反移位限制的风险,别无选择。如果已经拥有能够标示疑问语气的助词,那么,疑问词移位就不必要了,在这种情况下,疑问词移位反而显得多余,不为语法所接受。既有疑问助词又有疑问词移位的语言是不可能存在的,经济原则限制了这种可能性(邓思颖 2005:116)。

(三)重叠

徐杰(2000:6-18)谈到"重叠"语法手段可以实现多种语法功能,运用"重叠"语法手段可以构造语素、构造复合词、构造新词形、构造新的句法结构,除此之外,它还可以用来表达疑问范畴。他认为"重叠"有正正式重叠和正反式重叠两种实现形式。

3.2.2.2 语法手段和语法范畴

(一)语法手段和处置范畴

处置范畴通常是通过添加处置标记来表达的。汉语中常用的处置标记有"把"、"将"、"给"、"拿"等。

汉语普通话中最常用的处置标记是"把",因此把字句也被称为"处置式"。例如:

(50)他好把那帽子扣上之后拿簪子别上,别在头上。

(51)雷电可以把高大的烟囱劈裂,使架空的电线短路,还会引起森林大火。

(52)女子一到结婚年龄就把头发编成许多小辫,结成三条大辫,两条垂在胸前,一条垂在背后。(引自北京大学汉语语言学研究中心现代汉语语料库)

汉语普通话中另一个常见的处置标记是"将"。例如:

(53)蜣螂在推粪球时,先用头部将粪便堆积在一起,然后用前足拍打成球形。

(54)古人将冬青树排直而种,号称"冬墙",就是现代人所说的"绿篱"。

(55)国际奥委会将一个纯金王冠戴在她的头上。(引自北京大学汉语语言学研究中心现代汉语语料库)

河南洛阳话、江苏宿迁话的处置范畴是通过添加处置标记"给"来表达的(黄伯荣 1996：656-659）。例如：

（56）猫给老鼠吃啊。

（57）给那东西给我。

（58）洛阳话儿给太阳叫日头。（河南洛阳话）

（59）你给本子递给我。

（60）你给饭吃了汗！（江苏宿迁话）

有些方言中（如"江苏泰兴话"、"上海话"、"湖南炎陵县客家话"）的处置范畴是通过添加处置标记"拿"来表现的（黄伯荣 1996：659-662）。例如：

（61）你好拿个地下扫扫了。

（62）他拿个儿子媳妇说啊没得开口。（江苏泰兴话）

（63）拿枕头摆摆好，帐子挂挂好。（上海话）

（64）拿己只鸡子犀核。（把这只鸡杀掉）（湖南炎陵县客家话）

在其他方言中，用来表示处置范畴的处置标记还有"招 [tʂao⁵³¹]"（山西新绛话）、"帮"（云南鹤庆话）、"阿"（湖南临武话）、"共"（闽南话）、"甲伊 [kaʔ³²i³³]"或者"对"（广东潮州话）等。

（二）语法手段和话题范畴

A."添加"语法手段和话题范畴

通过"添加"话题标记是话题优先语言表达话题范畴的一种重要手段。话题标记有专用与兼用之别。所谓专用，就是该标记的作用就是表明所附着的实词性成分是句子的话题成分；所谓兼用，就是该标记在表示其他语义或话语功能的同时，可能兼有表示话题的作用（徐烈炯 & 刘丹青 2007：74）。

傈僳语、朝鲜语、日语等语言中都拥有专用的话题标记，例如：

（65）lathyu nya   ana khu–a.

　　　人　话题标记 狗　咬 陈述语气词。

　　　人啊，咬了狗 / 人啊，狗咬了。（傈僳语，引自徐烈炯 & 刘丹青 2007：74）

（66）ana nya   lathyu khu–a.

　　　狗　话题标记人　咬 陈述语气词

　　　狗啊，咬了人 / 狗啊，人咬了。（傈僳语，引自徐烈炯 & 刘丹青 2007：74）

（67）Ku chaekl–un John–I Mary–eykey el cwuessta.

那本书_{－话题标}　约翰_{－主格}玛丽_{－到}　　给

那本书约翰给玛丽了。（朝鲜语，引自徐杰 2001：107）

（68）Hana–wa bara–ga ii.

花_{－话题标}玫瑰_{－主格}最好

花玫瑰好。（日语，引自徐杰 2001：107）

汉语话题后面可以添加四个停顿语气词 "啊（呀）"、"呢"、"嘛"、"吧"
之一将其与句子其余部分隔开（曹逢甫 1995：38）。这四个停顿语气词就是汉
语中的常用话题标记，例如：

（69）这本书啊，我已经念了三遍了，还是不懂。

（70）那块田啊，稻子长得真大，很值钱。

（71）北京城里啊，有个故宫。（引自曹逢甫 1995：46）

上海话中的提顿词就是常用的话题标记，例如：

（72）礼拜天末，小明顶欢喜到动物园去孛相。

　　　星期天啊，小明最喜欢到动物园去玩。

（73）对年纪大个人倒，侬是要多照顾一眼个。

　　　对岁数大的人啊，你倒是要多照顾一些的。（徐烈炯 & 刘丹青 2007：
85，93）

汉语中还可以通过添加其他话题标记词来表达话题范畴，如 "至于、关于、
拿……来说"。例如：

（74）熊是杂食的，吃肉，也吃果实块根。至于熊猫，是完全素食的。

（75）关于中草药，我知道得很少。

（76）拿产品质量来说，最近有了很大的提高。（转引自吴中伟 2004:39）

在英语中，"as for" 也算是仅有的话题标记，例如：

（77）As for that fire, fortunately the fire brigade came fast.

（78）As for fruits, I like bananas most.

B. "移位" 语法手段和话题范畴

Huang（1982）认为汉语中的话题结构是由于移位构成的。他认为汉语话
题结构产生的机制和英语疑问结构的产生机制是一样的。例如：

（79）这本书，我读过。

（80）Which book did he read?

他假设汉语话题结构中也有类似英语 "which book" 那样的疑问词，从动词后面宾语的位置移到句首话题的位置，不过这疑问词是一种看不见的抽象成分，因此尽管汉语话题结构中一般没有疑问词，但生成语法中常说汉语话题结构中也有疑问词移位。

英语中的话题也是通过 "移位" 产生的，例如：

（81）John, I didn't like.

（82）This movie, I've seen twice.

袁毓林（1996：241-254）则通过话题化形成的主谓谓语句中话题和句中其他成分之间的语义、句法联系证明话题化的手段是移位。袁文从两个方面证明了这点：一是考察了主题化后形成的主谓谓语句的语义连接模式，从而确认了能够被主题化的成分在句子的语义结构中都具有特定的语义成分，并非像有的学者所说的那样典型的汉语式的主题和句中其他成分之间不存在特定的语义关系；二是证明了主谓谓语句是从主谓句派生出来的，这种派生可以用 "S' → X+S[…Y…]" 这个形式规则来描述。在这个形式规则中，S' 代表主谓谓语句，X 代表主谓谓语句的大主语，S 代表派生出 S' 作为基础的主谓句，Y 代表 S 中的某个空位或其代词形式。并且证明了：从语义上看 X 和 Y 具有同标（coindex）关系，在句法上具有约束关系。那么这样一来，必然就会得出这样的结论：主题化后形成的主谓谓语句都是由主谓句经过某种形式的移位形成的，而并非如有的学者所说的那样是在深层结构中经过插入生成的。因此，他认为，"在深层次的句法、语义平面上，汉语的话题结构并不比英语的话题结构更为特殊。相反，两种语言的主题结构在本质上遵循着相同的句法、语义约束：说明部分（S）的空代词（Y）跟话题（X）回指性相关。因此，把话题结构分为英语式（English style，特点是说明部分有跟话题回指性相关的成分）和汉语式（Chinese style，特点是说明部分没有跟话题回指性相关的成分）的做法，不一定切合汉语的事实。"

徐杰（2001：109）谈到带有话题特征 [+T] 的语法成分有可能诱发 "移动带话题特征 [+T] 的语法单位" 和 "添加话题标记" 一类的语法运算。"前置话题成分"（即移位）可能是最根本的话题表达形式，某句法成分要成为话题成分的话，它都要移至句首位置，但是它可以带话题标记，也可以不带，相反的情形较少。

由此可见，移位是表达话题范畴最常用的一种语法手段，也是人类语言的一个倾向性共性，话题成分通常都被移位至句首位置。

（二）语法手段和焦点范畴

A."添加"语法手段和焦点范畴

现代汉语和英语都是通过"添加"焦点标记来表达焦点范畴的。在现代汉语中，通常是通过在焦点成分前面添加系词"是"，并且在其他语法条件下尽可能靠近焦点成分。

汉语中除了焦点标记词"是"外，"连"、"就"也可以用来指明信息焦点的开始。例如：

（83）连他们家的宝贝儿子都没有能够和他一起去。

（84）昨天就你没有来。（引自刘鑫民2004：230）

英语也是通过添加焦点标记词，即系动词"to be"来表达焦点范畴的。然而，添加系动词后，却在句子中制造了一个新的谓语，而英语又不允许在句子中间另外存在一个谓语，所以只得把这个新谓语整个移至句首，并照例在它前面另加傀儡主语it。因此，英语在添加焦点标记词的同时，又前置了焦点成分（徐杰2001：159）。由此形成的特殊句式被称为"分裂句"（Cleft Sentences）。例如：

（85）It is the new house that John will buy for his mother.

（86）It is for his mother that John will buy the new mother.

（87）It is John who will buy the new house for his mother.

徐杰谈到英语的焦点表达式主要是"加用焦点标记词"，"前置焦点成分"不过是用以补救"加用焦点标记词"所带来的问题的方式，是个副产品（by-product），一种伴随式（Follow-up），是下游的语法操作。

刘鑫民（2004：239）提到Derlin曾把英语中的分裂句分为三种类型：it分裂句（IT-CLEFT）、wh-分裂句（WH-CLEFT）和倒装的wh-分裂句（REVERSE WH-CLEFT）。例如：

（88）It was the clock the mouse ran up.

（89）What the mouse ran up was the clock.

（90）The clock was what the mouse ran up.

B. "移位"语法手段和焦点范畴

表达焦点范畴的一个重要的语法手段是通过"移位"把焦点成分移至一个相对来说更重要的语法位置，俗称"焦点前置"（Focus-Fronting）。上古汉语和匈牙利语都是通过"移位"手段来表达焦点范畴的。

匈牙利语是一种"主—动—宾"型语言，如果宾语是疑问代词或者其他受强调的成分，它就不能留在动词后的位置，而必须前移至动词之前，主语之后的位置，否则造成的句子就会不合语法（徐杰 2001：149-150）。例如：

（91）Attila A FOLDRENGESTOL felt.

　　　阿提拉 冠词 地震　　　　怕

　　　阿提拉怕的是地震。

（92）Mari mit telt az asztalra?

　　　玛丽 什么 放 冠词 桌子上

　　　玛丽是把什么放在桌子上了？

在上古汉语中，疑问句中疑问代词宾语前置，这是因为疑问代词本身固有 [+F] 焦点特征，都是所在句子的强式焦点成分。例如：

（93）吾谁欺？欺天乎？（《论语》）

（94）子归，何以报我？（《左传》）

（95）臣实不才，又谁敢怨？（《左传》）

在否定句中，代词宾语多数前置，这是因为否定词都带 [+F] 焦点标记，它会对句子原有的焦点进行强化。例如：

（96）昔君之惠也，寡人未之敢忘。（《国语》）

（97）三岁贯女，莫我肯顾。（《诗经》）

在否定句中，名词宾语不前置，用代词"是"和"之"复指的名词则前置，而且名词前面往往添加表示强调的"唯"字。原因在于，代词是一种所谓的"轻"语法单位，便于移动，而普通名词太重了，仅仅是焦点 [+F] 特征还不足以拉动其移动，还要另外借助表强调的语气词"唯"字。例如：

（98）当臣之临河持竿，心无杂虑，唯鱼之求。（《列子》）

（99）余虽与晋出入，余唯利是视。（《左传》）

从上面的例句中可以看到，上古汉语中的宾语成分通常是前置到动词或介词的前面，如果有助动词的话，则放在助动词的前面。

刘鑫民（2004：237-238）谈到现代汉语中也可以通过前置焦点成分来突出焦点成分，由于汉语中句首的位置（这个位置通常是为移位成分预设的）是一个强凸显位，因此，当需要特别突出焦点成分时，最好是将焦点置于句首。前置焦点型焦点化主要有两大类：主题型前置焦点化和非主题型前置焦点化。

主题型前置焦点化，即某些成分被主题化后，大多同时也进行了前置焦点型焦点化操作。例如：

（100）不知谁放的火。→ 火不知谁放的。

（101）我们早已看清了这些口口声声喊互助的人的嘴脸。→ 这些口口声声喊互助的人，我们早已看清了他们的嘴脸。

非主题型的前置焦点化，主要是指状元、限制性成分、多动核句中的某个动核移位到句首而成为焦点。这些成分成为焦点以后，都是独立在主题、述题之外的，它们既不是主题的一部分，也不是述题的一部分。例如：

（102）宗侃在你面前没喊过一声病。→ 在你面前，宗侃没喊过一声病。

（103）他慢慢地走了过来。→ 慢慢地，他走了过来。

（104）他已经听说了你半夜出去。→ 你半夜出去，他已经听说了。

（四）语法手段和使役范畴

很多语言都可以通过添加一个独立的使役动词来表达使役范畴，汉语中是"使/令"、英语中是"make"、法语中是"faire"、意大利语中是"fare"。例如：

（105）我令他紧张。

（106）我使他吓一跳。

（107）He made her cry.

（108）She made him tidy the room.

（109）faire échouer tout le plan stratégique de l'ennemi

      使敌人整个战略计划破产

（110）on le fait travailler

　　　　人家叫他工作

（111）C'est moi qui les ai fait se connaître.

　　　　是我使他们相互认识的。

（112）I capitalisti　facevano　　lavorare gli　　operai　come　bestie da soma

　　　　资本家　使 / 使得 干活　定冠词 工人　象 / 如同　驮兽 / 苦力

　　　　资本家迫使工人象牛马一样地干活。

3.3 语法位置

3.3.1 三个语法敏感位置

徐杰（2005：223-234）认为 "句首"、"谓头" 和 "句尾" 是三个语法敏感位置，这三个位置之所以特殊和敏感，是因为它们除了担负线性句法结构中的基本角色外，还要对属于全句的句子功能范畴做出相应的语法反应。

3.3.2 三个语法敏感位置和句子功能范畴

3.3.2.1 "句首" 位置和句子功能范畴

（一）"句首" 位置和语气范畴

英语中的包孕疑问句是通过在句首添加疑问标记词 "whether" 或者 "if" 表达疑问范畴的。例如：

（113）I wonder whether/if John will study Mandarin.

英语中的感叹句是通过在句首添加感叹词 "what" 或 "how" 来表达的。例如：

（114）How lovely the baby is!

（115）What cold weather it is!

（二）"句首" 位置和否定范畴

自然语言的否定句主要有两类：一类为内部否定句（internal negation），一类为外部否定句（external negation）。内部否定句否定的内容是句子内的一个成分，如状语、定语等等；外部否定句又称逻辑否定句（logical negation），其否定的内容为整个命题。外部否定也就是全句否定，外部否定句的否定词既可在句内，又可在句外。通过在句首添加否定词得到的否定都是外部否定（蒋严、潘海华 1998：84）。例如：

（116）并不是太阳绕着地球转。

（117）并非所有的三角形都是等边的。

（118）不是人人都信佛。

（三）"句首"位置和复句关联范畴

汉语普通话和方言中绝大部分的复句关联词语都是位于小句"句首"位置的。英语、法语等印欧语系语言中的复句关联词语也是处于小句"句首"位置，具体的论述将在本书的第 5 章展开。

3.3.2.2 "句尾"位置和句子功能范畴

（一）"句尾"位置和语气范畴

汉语中四类常见的句子功能语气范畴都可以通过在句尾添加语气助词来表达。在陈述句中，常在句末添加语气助词"的"、"了"、"呢"、"罢了"、"嘛"、"啊"等；在感叹句中，常在句末添加语气助词"啊"；在祈使句中，常在句末添加语气助词"吧"、"了"、"啊"；在疑问句中，常在句末添加语气助词"吗"、"吧"、"呢"、"啊"等。

（二）"句尾"位置和复句关联范畴

汉语普通话中位于小句"句尾"位置的关联词语有"的话"和"时"，除此之外，还有一些用于引导时间状语从句的关联词语，如"之前"、"之后"、"以前"、"以后"、"以来"等，它们都是处于时间状语从句的小句"句尾"位置的。

上海话的假设连词"末"是放在假设小句的末尾的；因果连词啥$_2$是放在原因小句的末尾的（黄伯荣 1996：543-544）。例如：

（119）拔辣管理员查出来末，要罚侬。

（120）勿认得末，朝伊奔过来做啥啦？

（121）做来搭浆末，要坍牌子个。

（122）我昨日吃仔烂香蕉啥，肚皮痛。

（123）打伤仔人啥，捉进去勒。

3.3.2.3 "谓头"位置和句子功能范畴

在本书的第 3 章、第 4 章、第 5 章、第 6 章中，我们将依次探讨"谓头"位置和句子功能范畴"语气范畴"、"否定范畴"、"复句关联范畴"和"时体范畴"之间的关系，这里我们就不赘述了。

3.4 语法成分的投射和语法特征的投射

我们认为，"投射"分为两个层面：一层是语法成分的投射，语法成分按照"X-阶标图式"投射成我们可以观察得到的线性语法结构；一层是语法特征的投射，非全句的语法特征是依附于某些特定的语法成分上投射而成，如"话题特征"、"焦点特征"、"处置特征"、"使役特征"等；而全句的语法特征是依附在句子中心 I 成分或 C 成分上投射而成，如"语气特征"、"否定特征"、"复句关联特征"、"时体特征"等。不管是非全句语法特征还是全句语法特征，它们进行投射后所形成的范畴都是属于非线性语法范畴。在表面结构平面上，非线性语法范畴都是要通过线性结构形式来实现的，即它们都是可以通过特征触发的语法操作在线性语法结构上得到体现，借以我们可以感知它们的存在。非全句的语法特征触发的语法操作（即非句子功能范畴的表达）通常是通过三种有限的语法手段在相关位置上完成的；而全句语法特征触发的语法操作（即句子功能范畴的表达）则是通过三种语法手段在三个语法敏感位置上完成的。如图 3-1 所示：

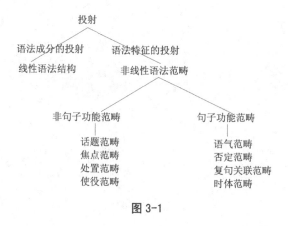

图 3-1

3.5 小结

我们首先把语法范畴分为"非句子功能范畴"和"句子功能范畴"两种，其中前者包括"话题范畴"、"焦点范畴"、"处置范畴"和"使役范畴"等，而后者包括"语气范畴"、"否定范畴"、"复句关联范畴"和"时体范畴"等。本章谈到了四类语言手段，即形态手段、词汇手段、语音手段和语法手段，其中常见的语法手段有 "添加"、"移位" 和 "重叠" 三种，并且谈到了各种语言手段和各种语法范畴，以及语法手段和非句子功能范畴之间的句法实现关系；进而探讨了三个语法敏感位置和句子功能范畴之间的句法实现关系。最后，本章把 "投射" 分为两个层面，即语法成分的投射和语法特征的投射。

第4章　"谓头"位置与语气范畴

　　任何小句都跟特定的表达意旨相联系，都带上特定的语气。跟特定的语气相配合，又会带上特定的语调。根据语气的不同，小句可以分为四个类型：陈述句、感叹句、祈使句和疑问句（参见邢福义先生1996：121-125）。

　　陈述句是告诉别人一件事的句子，语调平匀，句尾一般稍微下降。

　　感叹句是抒发某种强烈感情的句子，语调先上升后下降。

　　祈使句是表示命令或请求的句子，语调逐渐下降。

　　疑问句是用来提出问题的句子，典型的疑问句，句末语调上升。

　　在汉语中，这四大功能语气范畴的表达通常是通过在"句尾"位置添加语气助词来实现的。

　　陈述句通常是通过添加句末语气助词"的"、"了"、"呢"、"罢了"、"嘛"、"啊"等。例如：

　　（1）我不回避他的／了。

　　（2）这小伙子力气很大呢！

　　（3）他不过有点发烧罢了。

　　（4）"我有什么办法？他根本不用心嘛！"

　　（5）"大伯，我不是故意的啊！"（选自邢福义先生1996：121-125）

　　感叹句是通过添加句末语气助词"啊"来表达的。例如：

　　（6）张老师多么有学问啊！（选自邢福义先生1996：121-125）

　　不过在感叹句中，句末语气助词"啊"通常是和添加在"谓头"位置的具有感叹作用的词语配合使用的。上例中的"啊"就是和"多么"配合使用的。

祈使句则是通过添加"吧"、"了"、"啊"等句末语气助词来表达的。例如：

（7）你们严肃点吧！

（8）你们别太严肃了！

（9）你们千万别莽撞啊！（选自邢福义先生1996：121-125）

疑问句的表达是通过在"句尾"位置添加语气助词"吗"、"吧"、"呢"、"啊"等来实现的。例如：

（10）客人来了吗／吧？

（11）你喜欢物理还是喜欢文学呢？

（12）你们谁上来唱一段啊？（选自邢福义先生1996：121-125）

语气范畴的表达不仅可以通过在"句尾"位置上采用"添加"语法手段运用语气助词来实现，还可以在"谓头"位置上运用相关的语法手段来完成相应的语法操作。

下文，我们将主要探讨"谓头"位置和"疑问语气范畴"、"祈使语气范畴"以及"感叹语气范畴"之间的关系。

4.1 "谓头"位置与疑问语气范畴

4.1.1 前人研究梳理和综述

在四大功能句类中，疑问句长期以来一直是语法学界的热门问题。前人对于疑问句的研究主要集中在下面几个方面。

4.1.1.1 疑问句的分类

汉语中表达疑问的语法形式有很多。大部分汉语语法著作都将汉语中的疑问句分为四种：特指问、是非问、选择问和正反问（也称为反复问句）。这四种疑问句式都可以看成是由陈述句转换出来的句式。

第一，在相应的陈述句里代入疑问词语，加上疑问句调就变成了特指问句。代入的疑问词语可以是疑问代词，也可以是疑问副词。如：

（13）小刘喜欢周末骑自行车去郊游。→谁喜欢周末骑自行车去郊游？

→小刘喜欢什么时候骑自行车去郊游？

→小刘喜欢周末怎么去郊游？

→小刘喜欢周末骑自行车去干什么？

上面四个疑问句都是在陈述句的基础上依次代入疑问代词"谁"、疑问代词"什么时候"、疑问副词"怎么"、疑问代词"什么"构成特指问句,要求听话人对句中的疑问词语做出相应的回答。

第二,把相应的陈述句的语调换成疑问语调,就变成了是非问句。在句法上,是非问句通常以疑问语气词"吗"结尾。如:

(14)小刘喜欢周末骑自行车去郊游。→小刘喜欢周末骑自行车去郊游吗?

第三,把陈述句的谓语部分换成并列的几项,再加上疑问句调,就变成了选择问句,这种问句要求听话人选择其中的一项做出回答,在句法上,这种问句通常要在并列选项之间插入疑问连词"还是"。如:

(15)小刘喜欢骑自行车。→小刘喜欢骑自行车还是喜欢骑摩托车?

第四,把陈述句的谓语部分换成并列的两项,这两项分别是谓语的肯定形式和否定形式,再加上疑问句调,就变成了正反问句。这种问句要求听话人选择谓语的肯定形式或否定形式做出回答。如:

(16)小刘喜欢骑自行车。→小刘喜不喜欢骑自行车?

很多学者认为这四类疑问句式中的某两类或三类可以进行归并。

老一辈语言学家,如朱德熙先生(1982:202-203)、吕叔湘先生(1985:241-250)、邢福义先生(1996:124)等都对疑问句的分类问题进行了探讨;他们的讨论焦点主要集中在正反问句的归并问题上。

朱德熙先生认为正反问句应该归入选择问句,其中的并列选项分别是谓语的肯定形式和否定形式,因此他把疑问句分成特指问、是非问和选择问三类。朱先生的观点和王士元(Wang 1967:224-236)的有相似之处,王士元认为这两种句式都是一般并列结构经过"顺向省略"和"逆向省略"的结果。邢福义先生的观点和这两位先生的不谋而合,邢先生从基干构造和提问要求的角度将疑问句分为三类,它们是"是非问"、"选择问"和"特指问"。其中"选择问"包括"列项选择问"和"正反选择问"。

"列项选择问"是用分项列举的方式提出问题。例如:

(17)你们是喝茶还是喝咖啡?

而"正反选择问"则是用正反并用的方式提出问题。例如:

(18)你们喝不喝咖啡?

吕叔湘先生则认为正反句应该归属于是非问。他谈到是非问和特指问是最基本的疑问格式，人类语言普遍存在的疑问句基本功能类别也正是这两种（参见刘丹青 2005：78-97）；而正反问和选择问都是从是非问派生的，它们都是由两个是非问合并而成。例如：

（19）你去？你不去？→你去不去？

（20）你去？我去？→你去还是我去？

功能语法学者，如张伯江（1997：104-110）依据语法化程度的标准也将正反问句归入是非问句，他认为是非问句中的三类问句语法化程度不一样，其中附加问句是低级语法化形式，正反问句是中级语法化形式，而"吗"问句是高级语法化形式。他按照疑问域从小到大的顺序把现代汉语疑问句分为特指问、是非问和选择问。

生成语法学者，如黄正德（1988a：247-264）的观点则独树一帜，他从语法的相似度标准把正反问句归入特指问句。他不否认正反问句在语义上与选择问句有许多相似之处[1]。选择问句要听者在两个或多个个体或情况中加以选择，而正反问句要听者在"A"与"不 A"之间加以选择。但是在语法上，选择问句必须严格遵守"词语自主律"和禁止"介词悬空"，而正反问句可以不遵守这两项原则规定的限制；选择问句的形式不受"孤岛条件"的限制，即可以出现在主语子句或关系子句里，而正反问句要受到某些"孤岛条件"的限制。

他认为正反问句和特指问句在语法上的相似点重要体现在它们都牵涉到一个疑问词组，而这个疑问词组的分布又要受到"孤岛条件"的限制。首先，特指问句和正反问句中都包含有带 [+Q] 属性的成分，特指问句中带 [+Q] 属性的成分是疑问名词组或疑问副词，如"谁"、"什么"、"为什么"、"怎么"等；而正反问句中带 [+Q] 属性的成分是曲折范畴 INFL，带 [+Q] 属性的成分在不同的方言中会有不同的具体语音表现形式，在吴语里是"阿"，在安徽话里是"可"，而在闽南话里是"kam"，在普通话中则是语音重叠。其次，特指问句和正反问句都要受到"孤岛条件"的限制，即它们都不能出现在主语子句或关系子句中。如：

（21）*我去不去美国比较好？

（22）*你喜欢认识不认识你的人？

---

[1] 梅祖麟（1978）也曾指出正反问句是从选择问句演变出来的。

（23）＊你为什么买书比较好？

（24）＊你喜欢为什么批评你的人？

由此可以看出，很多前辈学者们是不承认"正反问句"在疑问句系统中的独立地位的。

4.1.1.2 正反问句的语法形式

朱德熙（1982：203）认为正反问句的语法形式主要有三种："VO 不 VO"（开会不开会）、"VO 不 V"（开会不开）和"V 不 VO"（开不开会）。朱先生（1991：321-341）认为"VO 不 V"和"V 不 VO"两种正反问句在汉语方言里的分布是不同的："VO 不 V"正反问句主要见于北方方言，而"V 不 VO"正反问句主要见于南方方言。

黄正德（1988a：247-264）也是把正反问句分为"AB 不 AB"、"AB 不 A"和"A 不 AB"三种，黄先生认为"AB 不 A"和"A 不 AB"型正反问句的来源不一样。"A 不 AB"型正反问句是带有 [+Q] 属性的曲折范畴词组引发的语音重叠律作用的结果；而"AB 不 A"型正反问句不是通过重叠的方式产生的，它是"AB 不 AB"型正反问句经"照应省略规律"把第二个 B 去掉得到的结果。他认为"AB 不 AB"型正反问句可以经重叠产生，也可以不经重叠而直接产生。

4.1.1.3 "可 VP"句式的归属

在很多方言中，疑问句还有另外一种形式，即在 VP 前边加上一个疑问副词造成的问句，朱德熙（1985a：10-21）把这种问句称为"可 VP"句式。采取"可 VP"句式的方言点主要有吴语、西南官话和下江官话。

通过调查吴语里的苏州话、西南官话里的昆明话和下江官话里的合肥话，朱先生认为"可 VP"句式是一种正反问句。他的理由有三：第一，"可 VP"句式的回答方式同于选择问句，不同于是非问句；第二，"可 VP"句式在语气词搭配上同于选择问句而不同于是非问句；第三，"可 VP"句式与"VP 不 VP"两种正反问句无论在历史上还是在现代始终互相排斥，不在同一种方言里共存。

黄正德（1988a）把正反问句看作是"可 VP"问句的一种形式[1]，认为二者是同一个疑问曲折范畴的不同语音表现，即它们是同素异型体（参见吴振国1998：58-67）。

---

[1] 黄正德先生认为只有"A 不 AB"型正反问句才是和"可 VP"问句属于同类。

朱德熙先生和黄正德先生将"可 VP"句式和正反问句视为同类的做法不谋而合，然而二者的区别是朱先生把"可 VP"句式视为正反问句的一种形式，而又把正反问句视为选择问句的一种；黄先生认为正反问句实际上是"可 VP"问句的一种形式，而"可 VP"问句又是一个以曲折范畴为疑问词的问句，与特指问句相当。

刘丹青（1991：27-33、2005：78-98）认为把没有正反问句形式的"可 VP"句式叫作正反问句一方面不符合其结构形式特征，另一方面又可能无视是非问句作为普遍功能类型在相关语言方言中的存在。刘先生认为朱先生提出的把苏州话中没有正反问"VP 不 VP"的形式作为视"阿"字句为正反问的理由是难以成立的 [1]。苏州话中不仅没有正反问"VP 不 VP"的形式，而且也没有是非问"VP 吗"的形式，普通话中这两种句式的功能意义在苏州话中都用"阿 VP"问句表示，所以刘先生认为各种各样的"可 VP"句式都应当看作是非问。

吴振国（1998：58-67）按照表示疑问的方式，将"可 VP"句式归入是非问句，它们都是由陈述形式附加表示疑问语气的疑问标记词生成的。"可 VP"和"吗"字是非问句是深层结构相同而表层结构不同的同义句式。"可"与"吗"在深层结构中性质相同，都是表示疑问语气的疑问标记词，只是在表层结构中位置不同。

徐烈炯 & 邵敬敏（1999：163-174）认为上海方言的"阿 VP"句式是一种特殊的疑问句，在形式上接近于是非问句，而在功能上则接近于正反问句，属于无倾向的中性问。

4.1.1.4 "VP-neg"句式的性质

现在汉语中还有一类疑问句是通过句尾添加否定词，如"不"、"没"、"没有"表示疑问的。

"VP-neg"句式中的"-neg"通常指"不"、"没"、"没有"等否定词语。董秀芳（2004：1-8）认为"VP 没有"问句中的"没有"也应该看作是表示疑问语气的语气词，但是"VP 没有"可以出现在包蕴句中作为间接问句，如"我不知道他回来没有"。董秀芳认为这是因为"没有"作为句末语气词的语法化程度没有"吗"那么高。

Huang et al.（2007：39-43）认为"VP-neg"句式不是正反问句。首先，"VP-neg"

---

[1] 苏州话中的"可 VP"句式是"阿 VP"句式，如"老张阿从上海走？"

句式不能是充当主语、宾语和定语的间接问句,而正反问句可以。如:

(25)*我不晓得他买书不。

(26)我不晓得他买不买书。

(27)*他买书不不重要。

(28)他买不买书不重要。

(29)*我们来讨论他买书不的问题。

(30)我们来讨论他买不买书的问题。

其次,"VP-neg"句式的句尾不能添加疑问语气词"呢",而正反问句可以。如:

(31)*他买书不呢?

(32)他买不买书呢?

(33)*他吃了饭没呢?

(34)他吃没吃饭呢?

因此,"VP-neg"句式不是正反问句,而是一种是非问句,相当于"吗"字是非问句。"吗"字是非问句也不能是充当主语、宾语和定语的间接问句。"VP-neg"句式中的否定语素"不"和"无"实际上就是疑问语气词,它们占据的是 CP 中的 C 位置[1],所以不能再添加疑问语气词"呢"在这个位置上了。

从前贤们的研究中我们可以看到,依据的标准不同,疑问句分类和归类的结果就不同。从疑问句内部在结构上的联系来看,选择问句和正反问句都是从是非问句合并而来;从疑问句内部在语义上的联系来看,正反问句、特指问句和选择问句有很多相似之处[2];从疑问句内部在语法上的联系来看,正反问句、特指问句和选择问句有诸多共同点,其中正反问句与特指问句更接近;从疑问句内部在语用功能上的联系来看,正反问句与是非问句更为接近。方言中的"可

---

[1] 汤廷池(1992:334)认为汉语的大句子 CP 是以句末语气助词为中心语,即句末语气助词是句中的标句词,居于句中的 C 位置。李艳惠(Li 1990)主张汉语的短语结构都是核心收尾,没有例外。

[2] 黄正德(1988a)认为含有"谁"、"什么"等疑问词的特指问句实际上也是要听者在"谁"或"什么"等词的外延中作一选择,而不同的是特指问句通常可以牵涉到无定的外延("谁"或"什么"都可以分别任指一个人或一群人、一件或几件东西),而选择问句却只能涉及有限的、有定的外延。然而特指问句有时也牵涉有定外延的情况,如:

(1)张三和李四,你喜欢哪一个?

(2)那三个人谁最聪明?

VP"句式是形式上类同于是非问句而功能上相当于普通话的正反问句。我们这里暂不讨论各种分类和归类结果的是非优劣,为了下文我们论述的方便,还是按照传统的分类方法,把普通话的疑问句式分为特指、是非问、选择问和正反问四种,将"VP-neg"句式归入"是非问"一类,"可VP"句式自成一类。

4.1.2 疑问范畴的表达手段

陈妹金(1993:21-31)把疑问句中用于负载疑问信息、传达疑问功能的称为疑问手段。疑问手段分为三种:语音手段、词汇手段和语法手段。其中语音手段是指疑问语调,词汇手段是指5WH为代表的疑问代词、疑问副词,语法手段包括疑问结构、疑问语序和疑问语助词。如表4-1所示:

表 4-1

疑问手段	语音手段	词汇手段	语法手段
	疑问语调	疑问代词	疑问结构
		疑问副词	疑问语序
			疑问语助词

李宇明(1997:97-103)认为表达疑问范畴的语法手段是疑问标记,即能单独负载疑问信息的语言成分。疑问标记可以分为四类:疑问语调、疑问语气词、特指疑问词语、疑问句法结构(以"X不/没有X"和"是P还是Q"为典型代表)。

徐杰(2001:167-194、2005:223-234、2007:479-500)谈到不同的语言在使用"词汇手段"、"语法手段"和"语音手段"表达疑问时有同有异。"同"主要体现在"词汇手段"(嵌入疑问词)和"语音手段"(上升语调)两个方面。"异"主要包括两点[1]:其中一点是不同语言对疑问"语法手段"的选择不同。他将语法手段划分为凌驾于具体句法结构的,并且凌驾于具体语言的有限的三个大类,即"添加"、"移位"和"重叠"。不同的语言尽管在表达疑问范畴方面表面上千差万别,而实际上仅仅是对这有限的三种手段不同的选择和搭配,并跟各具体语言中的其他语法规则和词汇特征相互作用所造成的现象。如表4-2所示:

---

[1] 另外一点是:不同的语言对词汇、语法、语音三种语言手段的拼盘配套方式不同,使用条件也不一样。词汇手段的使用先于语法、语音手段,但后二者之间没有先后关系,只有互动关系。

表 4-2

"疑问"范畴处理方式语言类型	（1）添加	（2）重叠	（3）移位
代表语言	日语	彝语	英语
	汉语		

他提出"疑问"等句子功能范畴能在三个句子敏感位置之一的"谓头"位置上，在有独立存在意义的语法条件的约束下运用这三种有限的语法手段进行处理。下文我们就将讨论的焦点放在"谓头"位置和疑问范畴之间的表达和实现关系上。

4.1.3 "谓头"位置和疑问范畴

4.1.3.1 "谓头"添加

（一）汉语方言中的"可 VP"句式

朱德熙（1985a：10-21）谈到在很多方言中，都存在在 VP 前边加上一个疑问副词造成的问句，这种问句被称为"可 VP"句式，采取"可 VP"句式的方言点主要有吴语、西南官话和下江官话。"可 VP"句式实则就是通过在"谓头"位置添加疑问副词"可"或相当于"可"的疑问副词构成的疑问句式。

A. 吴语里的苏州话和上海话

苏州话可以在"谓头"位置添加疑问副词"阿"[aʔ˥]造成问句。例如：

（35）耐阿晓得？（你知道不知道？）

（36）耐看阿好？（你看好不好？）

（37）阿要吃点茶？（要不要喝点茶？）

（38）阿吃得落？（吃得下吃不下？）

（39）俚阿是耐格兄弟？（他是不是你弟弟？）（引自朱德熙 1985a：10-11）

苏州话里有一个有趣的语言现象："阿"和否定词"勿"都可用在"曾"的前面，分别构成复合词"阿曾"和"勿曾"。"阿曾"和"勿曾"分别融合为"𠲎"[ã˥]和"𠮿"[fən˥]（参见袁毓林 1993：103-110）。

徐杰（2006：59）谈到融合只能发生在"谓头"位置上，由于疑问副词"阿"和否定词"勿"都是占据在"谓头"位置上的，所以"曾"能移入此位置和它们进行融合。

上海话也是通过在"谓头"位置添加疑问副词"阿"来表达疑问语气的。

上海话中的"阿 V？"是一种特殊的疑问句，它在形式上接近于是非问句，而在功能上接近于正反问句，属于无倾向的中性问。从下面的例句可以看到，"阿"主要出现在动词、助动词或形容词的前面，显示询问人的疑问焦点所在（徐烈炯 & 邵敬敏 1999：163）。例如：

（40）侬明早阿到香港去？

（41）伊阿是个上海人？

（42）侬阿会拍照片？

（43）伊阿聪明？

下面，我们分别来看下上海话中"阿"与助动词以及否定词在句中的相对位置。

上海话的助动词主要有："要"、"肯"、"敢"、"好"、"会"、"会得"、"可以"、"能"、"能够"、"好意思"等。这些助动词都可以利用"阿"来询问，但是，"阿"不能出现在助动词的后面，只能出现在助动词的前面（徐烈炯 & 邵敬敏 1999：166）。例如：

（44）勿许耐去，阿要气煞人？

（45）阿肯搭倪要好嘎？

（46）耐阿敢勿拨我吃？

（47）迭本字典侬阿好借拨勒我？

（48）侬阿会划船？

（49）侬阿会得游泳啊？

（50）阿好意思说倪教耐勿要去嘎？

前面的章节谈道，助动词是紧靠"谓头"位置的成分，而"阿"可以出现在助动词前面来询问，由此可见，"阿"的确是添加在"谓头"位置上的。

关于上海话中"阿"与否定词的相对位置，徐烈炯 & 邵敬敏（1999：166）观察到，首先，"阿"不能直接出现在否定词语的后面，即"阿"不能被直接否定。例如：

（51）＊侬勿阿晓得迭桩事体？

（52）＊伊勿阿猜迭桩事体？

但是，如果"阿"出现在低一个层次，即在宾语位置上，就可以出现在否定词语的后面。例如：

（53）伊勿晓得侬阿会得来？

（54）侬唔没问伊阿讲过迭句闲话？

其次，"阿"也不能直接出现在否定词语的前面，换言之，不能就一个否定的命题来用"阿"提问，而只能对一个肯定命题用"阿"来提问。例如：

（55）＊伊阿勿晓得迭桩事体？

（56）＊今早阿勿算过节？

但是，如果否定词语出现在低一个层次，即在宾语或补语中，则没有问题。例如：

（57）阿怕倪先生勿许耐嘎？

（58）侬阿猜勿着伊条谜语？

"否定"的标志"勿"、"唔没"和"疑惑"的标志"阿"，在语法位置上似乎是互相排斥的，即有了"勿"，就不再允许"阿"在同一个位置出现；反过来，有了"阿"，也不再允许"勿"在同一个位置出现。

徐烈炯 & 邵敬敏（1999：167）认为这是由于"阿"字句只能用于中立情况，而在中立性疑问句中没有必要也不能使用否定形式，因此，中立性的"阿"字句也没有必要使用否定形式，所以"阿"不能跟"勿"同现。

我们认为疑问副词"阿"与否定词"勿"等不能在同一个位置中出现的原因是它们都要占据"谓头"位置，而一个"谓头"位置只能容纳一个成分，要么是疑问副词"阿"，要么是否定词"勿"。

B. 西南官话里的昆明话和下江官话里的合肥话

昆明话是通过在"谓头"位置上添加疑问副词"格"[kə˧]表达疑问语气的。例如：

（59）你格认得？（你认得不认得？）

（60）你格上街？（你上不上街？）

（61）你格说了？（你说了没有？）

（62）这条裙子格漂亮？（这条裙子漂亮不漂亮？）

（63）他格是你弟弟？（他是不是你弟弟？）

（64）你格是不相信？（你是不是不相信？）（引自朱德熙 1985a：11–12）

合肥话的疑问范畴也是通过在"谓头"位置上添加一个相当于苏州话里的"阿"、昆明话里的"格"的虚词"克"[kəʔ]来表达的。例如：

（65）你克相信？（你相信不相信）

（66）你来闻闻这朵花克香？（你闻闻这朵花香不香）

（67）你克吃炆蛋？（你吃不吃茶叶蛋？）

（68）你克喜欢看电影？（你喜欢不喜欢看电影？）

（69）他克是你兄弟？（他是不是你弟弟？）（引自朱德熙 1985a：12）

"可 VP"句式在近代汉语和早期现代汉语中就是一种很常见的疑问句式，一直沿用至今（参见邵敬敏 & 周娟 2008：1-16）。例如：

（70）那戴方巾的，你可认得他？

（71）翟爹见小的去，好不欢喜，问爹明日可与老爷去上寿？

（72）我自兑银与你成交，可好么？（《金瓶梅》）

（73）郎君可是鲁公子么？

（74）可有个白布裹肚么？

（75）看官，你可晓得，古老有句言语么？（《今古奇观》）

（76）舅母说的，可是衔玉所生的这位哥哥？

（77）林姑娘的行李东西可搬进来了？

（78）敢烦仙姑引我到那各司中游玩游玩，不知可使得？（《红楼梦》）

（79）十三妹姑娘可有甚么交代？

（80）况且"探花"两个字，你可知道他怎么讲？

（81）母亲且莫着忙，儿子先请示，我父亲这一向身子可安？（《儿女英雄传》）

由此可见，"可 VP"句式在近代汉语和早期现代汉语中使用得很普遍，当"可"和紧跟其后的"VP"使用的频率比较高时，二者就结合为一个整体，构成"可是"、"可有"、"可晓得"等凝固的"可 VP"句式，如例（73）、（74）、（75）、（76）、（79）。

（二）日语中的"谓头"位置添加疑问助词

具有 SOV 语序的语言，其"谓头"位置就是句子的句尾位置；也就是说，在 SOV 语言中，"谓头"位置和句尾位置发生了重合。日语的疑问范畴就是通过在"谓头"位置添加疑问语气词"ka"表达的。例如：

（82）Anatawa honwo kaimasu-ka?

你　　　书　买 - 疑问语气词

你买书吗？

Anatawa naniwo kaimasu-ka?

你　　什么 买 - 疑问语气词

你买什么？（引自徐杰 2001：174）

（83）John-wa nani—o tabe-ta no desu ka?

约翰 - 话题 什么 - 宾格 吃 - 过去时　疑问语气词

约翰吃了什么？（引自 Hajime, Ono 2002）

从上面的讨论中可以看到，很多汉语方言都是通过在"谓头"位置添加疑问副词来表达疑问范畴的，日语的疑问范畴则是通过在"谓头"位置添加疑问助词来表达的。除此之外，Singapore Teochew 和 Southern Min 也是通过在"谓头"位置采用"添加"语法手段来表达疑问范畴的（参见 Miao-Ling Hsieh 2001：172，178）。例如：

（84）Ah Meng kasuka ji bun zi?

Ah Meng KA like this CL book

"Does Ah Meng like this book?"（Singapore Teochew）

（85）I kam si lin ma—ma?

She KAM be you mother

"Is she your mother?"（Southern Min）

上述例句中的 Singapore Teochew 和 Southern Min 分别是通过在"谓头"位置添加"ka"和"kam"来表达疑问的。

4.1.3.2　"谓头"重叠

"重叠"分为"正反重叠"和"正正重叠"两种实现形式。下文我们将分别进行论述。

（一）汉语普通话中的正反重叠

A."AB 不 AB"、"AB 不 A"和"A 不 AB"型疑问句

前面谈道，在汉语中，正反问句的形式有"AB 不 AB"、"AB 不 A"和"A 不 AB"这三种。例如：

（86）他喜欢这本书不喜欢这本书？

（87）他喜欢不喜欢这本书？／他喜不喜欢这本书？

（88）他喜欢这本书不喜欢？（引自黄正德1988a：247）

黄正德认为"AB不AB"、"AB不A"和"A不AB"这三类正反问句具有不同的来源，其中只有"A不AB"型正反问句是通过重叠的方式产生的，而"AB不A"型正反问句是"AB不AB"型正反问句经"照应省略规律"把第二个B去掉生成的。至于"AB不AB"型正反问句的生成方式，黄先生认为可以经重叠产生，也可以不经重叠而直接产生，黄先生的说法含糊不清，并且没有提供具体的分析过程。

我们同意黄先生把"A不AB"型正反问句同其他两类正反问句区别开来的做法，而且我们也认为"A不AB"型正反问句是通过重叠产生的。至于"AB不AB"和"AB不A"型问句，它们都不是经过重叠产生的，它们都是属于选择问句；"AB不AB"型问句是隐含了疑问连词"还是"的选择问句，而"AB不A"型问句则是在"AB不AB"型问句的基础上经"照应省略规律"形成的。

首先，选择问中间也有不用"还是"连接的，只是语气比较急促。例如：

（89）你吃米饭吃馒头？（吕叔湘1985：244）

其次，"AB不A"型问句和选择问句一样，都必须遵守"词语自主律"，并且它们都不允许"介词悬空"，这一点黄正德先生已经讨论过了。例如：

（90）*他喜欢这本书不喜？

（91）*他喜还是不喜欢这本书？

（92）*你从这里出去不从？

（93）*你从还是不从这里出去？

而"A不AB"型正反问句可以不遵守"词语自主律"和"介词悬空"原则。例如：

（94）他喜不喜欢这本书？

（95）你高不高兴？

（96）你从不从这里出去？

（97）你到底把不把功课做完？（引自黄正德1988a：247-264）

可见，"A不AB"型正反问句和"AB不A"型正反问句应该区别开来。

从上面的讨论中可以明显看到，王士元（1967）、朱德熙先生（1982）、邢福义先生（1996）等学者将正反问句和选择问句紧密联系在一起的做法的确有一定的合理性，只不过"A 不 AB"型正反问句应该从它们中分离出来。

因此，通过正反重叠形成的正反问句只有"A 不 AB"型正反问句，"正反重叠"又分为完全重叠和不完全重叠两种形式。例如：

（98）你去不去？

（99）你喜欢不喜欢新加坡？

（100）你还记不记得那本书？

（101）你可不可以去劝劝刘大爷？（引自徐杰 2000：8）

例（98）和例（99）是属于完全重叠，而例（100）和例（101）是属于不完全重叠。

B."是不是 VP"句式

"是不是"问句包括几个小类，"是不是 VP"问句只是其中一类。下面，我们将分别做详细论述。

第一类：判断动词"是"构成的"是不是"问句

判断动词构成的"是不是"问句中的"是"是个及物动词，与它前后的名词词组构成判断句，表达二者之间的等同或类属关系。例如：

（102）你爸爸是不是李刚？ → 李刚是不是你爸爸？

（103）李刚是不是男人？ → *男人是不是李刚？

这两例中的"是"都是判断动词，前一例中前后两个名词词组之间是一种等同关系，因此互换位置后句子依然是成立的；而后一例中前后两个名词词组之间是一种类属关系，互换位置后句子是不成立的。

由判断动词构成的"是不是"问句是用判断动词"是"的肯定和否定叠合的形式进行提问的问句形式，它要求听话人从肯定和否定的内容中选出一种作为回答，此类问句应归为正反问句一类。

第二类：助动词"是"构成的"是不是"问句

除了由判断动词"是"构成的"是不是"问句之外，吕叔湘先生（1985）和陶炼（1998）都观察到，还有一类"是不是"问句中的"是不是"在句子中的位置可以移动。例如：

（104）张虹是不是以前来过？

（105）是不是张虹以前来过？

（106）张虹以前是不是来过？

这三例"是不是"问句中的"是"显然不是判断动词。

尽管上述三个句子在句法上看似具有一致性，但其中"是"的语法性质并不一致，可以进一步分为以下两类。

第三类：作为焦点标记的助动词"是"构成的"是不是"问句

在汉语中，"是"除了可以用来标记判断范畴以外，还可以用来标记焦点、强调和对比这三种语法范畴（详见石毓智 2005）。

在"张虹是不是以前来过？"中，"是不是"是用来对句中的焦点成分"以前"提出疑问。

而在"是不是张虹以前来过"中，"是不是"则是用来对焦点成分，即句中的主语成分"张虹"提出疑问。

因此，在以上两句中，"是"充当的是焦点标记。

作为焦点标记，"是"总是尽可能靠近焦点成分。徐杰 & 李英哲（1993）说到，在疑问句中疑问中心和焦点必须统一，前者是后者在疑问句中的具体化。"是不是"问句中的疑问中心总是落在"是不是"的后面，也就是句中的焦点成分上，而"是"正是标记焦点成分的焦点标记。

"是不是"问句中的"是"在充当焦点标记的同时，还要符合它作为某个特定词类在句法上的分布。黄正德（1988b）把"是不是"问句中的"是"归为助动词，这一观点与我们的看法一致。因此，"是不是 VP"句式中的"是"应分析为助动词，在句中充当的是焦点标记。

第四类：作为强调标记的助动词"是"构成的"是不是 VP"问句

在前面的讨论中，我们把"张虹是不是以前来过？"和"是不是张虹以前来过"两句中的"是"都分析为充当焦点标记的助动词。那么"张虹以前是不是来过？"中的"是"是否具有和前两句一样的语法性质呢？

此句中"是不是"后紧跟的是动词性成分，此时形成的是"是不是 VP"问句。作为焦点标记的"是"在理论上可以标记句中的任何一个句法成分为焦点成分，但是"是"的分布却受到极大的限制，它只能出现在主语之前或者主语和主要动词之间[1]，不能出现在动词和宾语之间，也不能出现在介词和宾语之间（参见徐杰 2001：130）。例如：

（107）是不是他昨天借了你的书？

（108）他不是怪你。

（109）*我昨天在学校碰见了是他（的）。

（110）*我昨天把是他骂了一顿。

不仅如此，当"是"标记句中的主要动词为焦点成分时，焦点标记的"是"和强调标记的"是"发生了重合，此时的"是"不仅是个焦点标记，更多的是作为强调标记强调动作行为已经发生。

"是不是 VP"中的"是"跟作为焦点标记的"是"一样，也应该分析为一个助动词。

"是"作为强调标记是焦点标记在特定的句法环境中衍生出来的一种用法，这也符合 "是"的跨语言的发展链：指示代词→判断词→焦点标记→强调标记→对比标记（参见石毓智 2006a:289-317）。

"是"作为强调标记强调动作行为已经发生的用法跟英语中的强调标记 do 相当，汉语中用"是"表示强调动作行为已经发生的句子都可以翻译为英语的 do 强调格式。

（111）我是吃了昨天你给我的蛋糕。

　　　I did eat the cake you gave me yesterday.

（112）是下大雨了。

　　　It did rain heavily.

由此可见，汉语中"是"的强调用法在英语中是用 do 来表达的，都是用于强调句子的谓语部分；而"是"的焦点用法则是用分裂句式来表达的，都是对句中除谓语动词以外的主语、宾语和状语等句子成分进行焦点化。例如：

---

[1] 这里所说的"是"能出现在主语和主要动词之间，既可以指"是"后面紧跟着主要动词，也可以指"是"后面紧跟着的是主要动词之前的修饰成分。例如：

a. 我们是明天在录音棚用新设备给那片子录主题歌。

b. 我们明天是在录音棚用新设备给那片子录主题歌。

c. 我们明天在录音棚是用新设备给那片子录主题歌。

d. 我们明天在录音棚用新设备是给那片子录主题歌。（徐杰 2001：129）

这些例句中的"是"都是出现在主语和主要动词之间的，"是"的后面紧跟着的并不是主要动词，而是主要动词之前的修饰成分。

（113）We had a lecture in the classroom yesterday.

这个句子有四个可以强调的成分，因而可以转换为四个分裂句式：

（114）a. It was we that/who had a lecture in the classroom yesterday.（强调主语）

b. It was a lecture that we had in the classroom yesterday.（强调宾语）

c. It was in the classroom that we had a lecture yesterday.（强调地点状语）

d. It was yesterday that we had a lecture in the classroom.（强调时间状语）

"焦点" 和 "强调" 语法范畴在英语中是通过两种不同的语法形式表现的，而在汉语中两种用法却在同一种语言形式上统一起来了，这也为我们区分 "是" 的焦点和强调用法提供了旁证。

综上所述，"是不是" 问句中的 "是" 具有 "判断动词" 和 "助动词" 两种词类属性。作为助动词的 "是" 可以充当焦点标记，靠近焦点成分，形成分裂句；也可以充当强调标记，强调句子谓语部分表达的动作行为已经发生。

C. "有没有 VP" 句式

相应的，"有没有" 问句也包括几个小类，"有没有 VP" 问句只是其中一类。我们也分别做详细论述。

第一类：领属动词 "有" 构成的 "有没有" 问句

曹逢甫、郑萦（1997）将 "有" 的用法分为 "领属"、"存在"、"呈现"、"完成貌"、"强调" 等五类。由领属动词 "有" 的肯定和否定叠合的形式构成的 "有没有" 问句是正反问句。例如：

（115）你有没有女朋友？

句中 "有没有" 的前后两个名词词组之间是一种领属关系。

第二类：助动词 "有" 构成的 "有没有 VP" 问句

当 "有没有" 后接动词性成分时，形成的是 "有没有 VP" 问句。

蔡维天（2003）详细地论述了 "有" 的性质。他谈道，在共时层次上，普通话中 "有" 的完成和强调用法分别为动貌标记 "了"[1] 和焦点标记 "是"[2] 所取代；但它们一有机会便浮上台面，恢复甚至创新了原始语言的风貌。在否定句中，"有" 便恢复了它的 "完成" 和 "强调" 用法；在台湾普通话中，"有"

---

[1]　请参考王士元（1990：25-33），他将语素形式 "有"（比如在 "没有" 中）和体标记 "了" 确定为同一个语素的异干交替形式。

[2]　请参阅邓守信 Teng（1979：101-114）。

的完成和强调用法又以一种复合的面貌重新浮现。例如：

（116）阿 Q 没（有）去美国。

（117）阿 Q 去了美国。

（118）我小时候没（有）很调皮啊！

（119）我小时候是很调皮。（普通话）

（120）阿 Q 有去美国。（台湾普通话）

（121）阿 Q 去了美国。

（122）阿 Q 是去美国。

（123）阿 Q 是去了美国。（普通话）

从例句中可以看到，完成"有"只出现于普通话的否定句中，如例（116）；其相对的肯定用法由动貌标记"了"所取代，如例（117）。同样的，强调"有"也只出现在普通话的否定结构中，如例（118）；其对应的肯定用法则由焦点标记"是"来担当，如例（119）。然而，台湾普通话中允许完成"有"的用法，这是由于受了闽南语的影响，如例（120）；但是，台湾普通话中的完成"有"并不等同于例（121）中的"了"，也不等同于例（122）中的"是"，而是两者兼具，其语意接近于例（123）。

石毓智（2004）把其中的"有"分析为完成貌标记。他认为"有没有 VP"句式实际上是由完成体标记的肯定式和否定式构成的正反问句。然而，认为体标记可以通过肯定否定组合构成疑问手段这种看法似乎缺乏理论上的支持和事实证据，说服力不够强。

董秀芳（2004）把"有没有"整体看作是一个助动词，置于动词性成分前，询问动词性成分所表示的事件是否发生过。因此"有没有"整体上应该作为一个词条收入词典。不过，这种做法无疑会加重第二语言学习者的学习负担。

我们同意蔡维天的观点，即"有"具有"完成"用法和"强调"用法。我们认为，当这两种用法同时具备的时候，则表示对已经完成的动作行为进行强调，和作为强调标记的"是"具有类似的语法功能。正因为如此，"有"和"是"可以共用。

（124）王世林：你在"神五"_{神州五号宇宙飞船}上面有没有看到地球上的情况？

杨利伟_{宇航员，辽宁人}：我在上面是有看到地球上的情况。（CCTV4，2003-10-

29,《与宇航员——杨利伟面对面》)（引自王森、王毅、姜丽 2006）

但是"有"和"是"共用的情况不多，因为它们的语法功能差不多，只用其中一个即可。

因此，"有没有 VP"中的"有"也应该分析为助动词，在句中充当强调标记。

普通话中缺乏"有"独自使用在动词性成分之前的用法，这是因为在肯定句中，表示完成意义或者强调意义的"有"分别被动貌标记"了"和强调标记"是"取代了。在否定句中，表示完成意义或者强调意义的"有"会浮现出来。不仅如此，当要表达疑问时，"有"字也可以从"VP"中析出，构成"有没有VP"句式表达疑问。

通过前面的分析，我们发现"是不是 VP"句式和"有没有 VP"句式有如下两点共性。

其一：助动词"是"和"有"都是位于"谓头"位置。

从前面的讨论中，我们可以看到，"是"和"有"在句法上有若干平行特征，它们一方面可以作为实用动词使用，构成普通的"是不是"和"有没有"问句；另一方面，它们也可以作为助动词使用，构成"是不是 VP"问句和"有没有 VP"问句，其中的"是"和"有"都是作为强调标记的助动词。

在汉语中，"谓头"位置是一个没有外在语音形式的空位置，有些成分可以从句中别的位置移入到这个位置，而有些成分则可以添加到这个位置上。从线性语序上看，助动词是离句子的"谓头"位置最近的句子成分，因此它常常移入句子的"谓头"位置。"是不是 VP"问句和"有没有 VP"问句中的助动词"是"和"有"都是移入"谓头"位置上的成分。

其二：它们都是在"谓头"位置上通过正反重叠表示疑问。

"谓头"位置是三大句子敏感位置之一，因为它是句子中心语 I 成分所占据的位置。跟其他两个位置相比，"谓头"位置的句法功能最为强大，它可以为更多类型的语法操作提供平台。句子功能范畴，如"疑问"、"否定"、"时体"等都可以通过三种有限的语法手段，即"添加"、"移位"和"重叠"，在"谓头"位置上实现（详见徐杰、李莹 2011）。

在汉语中，疑问范畴，作为一种句子功能范畴，它可以在"谓头"位置上通过"添加"语法手段来实现，许多汉语方言都采用在 VP 前（即"谓头"位置）

添加疑问助词造成一个 "KVP" 疑问句；这个疑问助词在苏州话中是 "阿"，昆明话中是 "格"，合肥话中是 "克"（详见朱德熙 1985a）。它也可以在 "谓头" 位置上通过 "重叠" 语法手段来实现。"是不是 VP" 和 "有没有 VP" 句式分别是通过正反重叠 "谓头" 位置上的成分 "是" 和 "有" 形成的。

由此可见，"是不是 VP" 与 "有没有 VP" 两类句式中的 "是" 和 "有" 都是作为强调标记使用的助动词；它们都是位于 "谓头" 位置，两类疑问句式都是在 "谓头" 位置上通过正反重叠语法手段形成的，它们在汉语的问句系统中没有独立存在的语法地位，应该归属于正反问句。

（二）少数民族语言中的正反重叠

藏缅语中的一些语言，如藏语（拉萨）、藏语（安多）、缅语、彝语（凉山）、彝语（大方）、彝语（撒尼）、哈尼语等，都可以通过在 "谓头" 位置上运用正反重叠方式表达疑问。例如：

（125）$z_{\mskip}a\eta^{13}$ tɕhin^{52} pa　ma^{55} tɕhin^{52} pa ?

　　　你　去了　（疑助）　没　去了（疑助）（拉萨藏语）

（126）tɕho wə- shoŋ　ne ma shoŋ ?

　　　你　（过去）去（疑助）没　去（安多藏语）

（127）kh I^{33} mja^{53} tθua^{53} pji^{33}　la^{53}　mă?^{55} tθua^{53} te^{53}　bu^{53}la^{53} ?

　　　你　　　去 了 （疑助）没 去 还　（疑助）（缅语）

（128）nɯ^{33} bo^{33} da^{31}　a^{31}　bo^{33} ?

　　　你 去 （疑助）没　去（凉山彝语）

（129）n ɑ^{21} zɯ ma^{21} zɯ^{21} ?

　　　你 去 不 去（大方彝语）

（130）ni^{33} z̩i^{33} mɑ^{21} z̩i^{33} ?

　　　你 去 不 去（撒尼彝语）

（131）no^{55} ji^{55} (li^{33})　ma^{31} ji^{55} (li^{33})?

　　　你 去 （疑助）不 去 （疑助）（哈尼语）（引自戴庆夏、傅爱兰
2000：390-398）

（三）汉语方言中的正正重叠

除了通过"正反重叠"表示疑问外，汉语很多方言中可以通过对占据"谓头"位置的语法成分进行"正正重叠"来实现疑问范畴的表达。这些方言有：山东招远方言和山东长岛方言（引自罗福腾 1996：229-234）；江西于都客家方言（引自谢留文 1995：208-210）；湖北随州话、浙江绍兴话、福建长汀客家方言（引自黄伯荣 1996：695-702）；湖北浠水话、重庆话、江苏泗阳话、江西会昌话、福建连城话（引自邵敬敏、周娟 2008：1-16）。例如：

（132）你去去？（你去不去？）

（133）这是是你的东西？（这是不是你的东西？）

（134）你肯肯给他？（你肯不肯给他？）

（135）你能能矣？（你能不能？）

（136）愿愿意吃干饭？（愿不愿意吃干饭？）（山东招远方言）

（137）你会会？（你会不会？）

（138）花儿香香？（花儿香不香？）

（139）长得苗苗条？（长得苗不苗条？）

（140）家干干净？（家干不干净？）

（141）电影好好看？（电影好不好看？）（山东长岛方言）

（142）明朝你去去赣州？（明天你去不去赣州？）

（143）绳子猛猛？（绳子长不长？）

（144）这条裤子短短？（这条裤子短不短？）

（145）你食食酒？（你喝酒不喝酒？）

（146）这件衫缩缩水？（这件上衣缩水不缩水？）

（147）这扇墙坚坚固？（这堵墙坚固不坚固？）

（148）你看扫得干干净？（你看扫得干净不干净？）（江西于都客家方言）

（149）吃吃饭哪？（吃不吃饭哪？）

（150）有有我的？（有没有我的？）（湖北随州话）

（151）真朝是是礼拜三？（今天是不是星期三？）

（152）诺有有功夫？（你有没有时间？）

（153）衣裳燥燥唻？（衣服干没干？）

（154）伊肯肯来？（他肯不肯来？）

（155）事体要要紧？（事情要紧不要紧？）（浙江绍兴话）

（156）粥食食？（稀饭吃不吃？）

（157）要要纸票？（要不要钱？）（福建长汀客家方言）

（158）买这个牛你出出不起钱？（出不出得起钱？）

（159）三大缸子水，你喝喝不了完？（喝不喝得了？）（湖北浠水话）

（160）你认认得他？（你认不认得他？）

（161）她漂漂亮？（她漂不漂亮？）（重庆话）

（162）喜喜欢？（喜不喜欢？）

（163）洗洗衣服？（洗不洗衣服？）（江苏泗阳话）

（164）底些果子食食得？（这些果子能吃不能吃？）（江西会昌话）

（165）喜 ^{35} 喜欢这件？（喜不喜欢这件？）（福建连城话）

从以上例句中可以看到，如果提问部分是单音节，则直接重叠该音节；如果是多音节或短语，则只重叠第一个音节。

（四）少数民族语言中的正正重叠

彝语可以通过对占据"谓头"位置上的成分进行正正重叠来表示疑问（倪大白 1982：256-257）。例如：

A. 重叠动词

（166）nɯ^{33} bo^{33} bo^{33}？

　　你　去　去

　　你去吗？

（167）nɯ^{33} dza^{33} dzɯ^{33} dzɯ^{33} o^{34}？

　　你　饭　吃　吃　了

　　你吃饭了吗？

（168）nɯ^{33} nɔ^{33}su^{33} ŋɯ^{33} ŋɯ^{33}？

　　你　彝族　是　是

　　你是彝族吗？

B. 重叠形容词

（169）ts'ɿ^{34} gɯ^{33} va^{55} va^{55} ?

　　　这　　些　好　好

　　　这些好吗？

（170）zi^{33}　ts'ɿ^{34}　gɯ^{33} ndza^{55} ndza^{33} ?

　　　房子　这　些　漂亮　漂亮

　　　这些房子漂亮吗？

（171）no^{21} tɕa^{55}　dzɿ^{33} mɔ^{33} mɔ^{33} ?

　　　你　家　平安　（重叠）

　　　你家平安吗？

C. 重叠助动词

（172）ts'ɿ^{33} mu^{33} kɯ^{55} kɯ^{55} ?

　　　他　做　会　会

　　　他会做吗？

（173）ts'ɿ^{33} bo^{33} t'a^{55} ɕi^{33} ɕi^{33} ?

　　　他　去　应该（重叠）

　　　他该去吗？

D. 重叠副词

（174）vɿ^{55}ŋo^{31} la^{33} ko^{33} ʂɯ^{34} ʂɯ^{34} ?

　　　伍纽　来　经常（重叠）

　　　伍纽经常来吗？

E. 重叠时态助词

（175）nɯ^{33} dza^{34} dzɯ^{33} ta^{33} ta^{33} o^{34} ?

　　　你　饭　吃　了　了

　　　你吃饭了吗？

畲语也可以通过动词或形容词的重叠形式表示疑问（马学良 2003：681）。

例如：

（176）muŋ^{31} nuŋ^{35} nuŋ^{31} ?

　　　你　　吃　吃

你吃不吃?

（177）ni^{55} naŋ^{22} hɔ^{11} fwen^{35} fwen^{22} ?

这 个 山 高 高

这个山高不高?

4.1.3.3 "谓头"移位

从上面的讨论中可以观察到, 汉藏语系的语言一般是通过在"谓头"位置"添加"表示疑问的语法成分或是"重叠"占据该位置的语法成分来表示疑问的; 然而, 印欧语系的语言则是通过对占据"谓头"位置的成分进行"移位"操作实现疑问范畴的表达的。

在英语中, 不管是特指问句、是非问句, 还是选择问句, 不管句子中是否已有疑问代词, 只要是疑问句, 只要有疑问范畴, 就一律强制性地执行"主语—助动词倒装"（Subject-Auxiliary Inversion）的移位操作。例如:

（178）What will Mary do?（特指问句）

（179）Will Mary wash the dishes?（是非问句）

（180）Will John wash the dishes or clothes?（选择问句）

"主语—助动词倒装"的移位操作属于"中心语移位", 移位的起点位置是句子的中心语曲折范畴成分 Inflection 占据的位置, 移位的终点位置是标句词短语 CP[1] 的中心语 C 占据的位置。而例句中疑问代词 "what" 的移位属于"短语移位", 它和"疑问范畴"没有直接关系, "疑问代词移位"在英语中是具有独立存在意义和广泛适用性的"焦点前置"（Focus-fronting）在英语特指问句中的实例化表现 [2]（如图 4-1 所示）。

---

[1] 标句词短语 CP 是在代表小句结构的 IP 之上的一层句法投射, 由标句词 C 与 IP 构成, 代表整个小句的 IP 是受标句词 C 管辖的。

[2] 徐杰、李英哲（1993）认为疑问代词都带有 [+F] 标记, 都自动成为其所在句子的强式焦点。

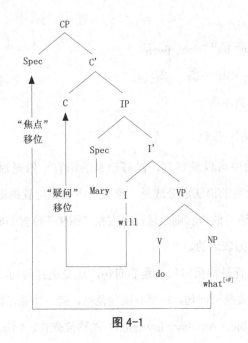

图 4-1

法语也是通过"主语—助动词"倒装的移位操作来表达疑问的。例如：

（181）Quel film avez—vous vu cette semaine?

　　　什么 电影 助动词 你　看　这个 星期

　　　这个星期你看过什么电影？

（182）Qui　as－tu rencontré?

　　　谁 助动词 您 碰见

　　　您碰到谁了？（引自阮钢良 2000：70-75）

4.1.4 "谓头"位置和疑问范畴之间对应关系的跨语言比较

陈妹金（1993：21-31）谈到把疑问语助词和重叠形式作为表达疑问的语法手段，而不是疑问语序是汉藏语系疑问句区别于印欧等其他语系疑问句的特色所在。其实这只是看到了汉藏语系和印欧语系存在差异性的一面，而忽略了两大语系之间的共性，那就是都以在"谓头"位置采取相应的语法操作来表达疑问。在前面的论述中，我们通过对汉语普通话、汉语方言、少数民族语言、外语（如日语、英语、法语等）等语言事实的观察和描写，全面地考察和分析了"谓头"位置和疑问范畴之间的实现关系，以及在表达这一语法范畴时，"谓头"位置和三种有限的语法手段（即"添加"、"重叠"和"移位"）之间的多种拼盘搭配方式。如表 4-3 所示：

表 4-3

疑问范畴的表达代表的语言类型	"谓头"添加	"谓头"重叠		"谓头"移位
		正反重叠	正正重叠	
汉语普通话		汉语普通话		
汉语方言	吴语 西南官话 下江官话	多数汉语方言	山东招远话 山东长岛话 江西于都话 湖北随州话 浙江绍兴话 福建长汀话 湖北浠水话 重庆话 江苏泗阳话 江西会昌话 福建连城话	
少数民族语言		藏语（拉萨、安多） 缅语 彝语（凉山、大方、撒尼） 哈尼语	彝语、畲语	
外语	日语			英语、法语

4.2 "谓头"位置与祈使语气范畴

祈使句的谓语只能是表示动作或行为的动词或动词性结构，主语往往是第二人称代词"你"、"您"、"你们"。不过祈使句的主语常常略去不说。

屈承熹（2004：275）谈到汉语中有一种缓和祈使句语气的方式是通过在动词前或句末加上一个"V—不—V"的形式实现的。其中，在动词前加上一个"V—不—V"的形式实则就是在"谓头"位置上进行正反重叠。能够在"谓头"位置上进行正反重叠形成的"V—不—V"结构形式有"能不能"和"可不可以"。例如：

（183）你能不能／可（以）不可以进来坐一会儿。

祈使句的否定形式通常是通过在 "谓头" 位置添加否定词来实现的。汉语中常用在祈使句中的否定词有 "别"、"不用" 和 "不必" 等。例如:

（184）你别不吭声！（引自朱德熙 1982：206）

（185）你们不用 / 不必太客气。（引自屈承熹 2004：276）

刘丹青（2005：96）谈到有些用于汉语祈使句的否定词是来自普通否定词和情态助动词的合音，如北京话的 "甭"（"不用" 的合音）；苏州、上海等吴方言的 "覅" 等。

这种融合现象是发生在 "谓头" 位置的，情态助动词移入已被否定词占据的 "谓头" 位置，并与之结合，在以后的章节中我们将会进一步论述这种现象。

4.3 "谓头" 位置与感叹语气范畴

Viviane Alleton（1992：17-22, 42）谈到感叹句的结构中必须包括某些词语，如 "多（么）"、"真"、"好"、"太"、"这么 / 那么" 等。这些词语是被作为感叹标记词来看待的。李莹（2008：73-81）认为这些感叹标记词都是表示程度的词语，她把它们统称为程度指示词语。"程度指示词语" 是感叹句的标记手段之一。这些程度指示词语都能添加在 "谓头" 位置表达感叹语气。例如:

（186）这孩子多么爱劳动啊！

（187）山上的空气这么新鲜！

（188）他要是知道了该多伤心啊！ （引自 Viviane Alleton 1992）

古代汉语里的 "何" 表示感叹时，可以用在句首，句子的主语和谓语之间加 "之"（参见石毓智 2006a：239）。例如:

（189）嘻！亡一羊，何追者之众！（《列子·说符》）

（190）何足下拒仆之深也！（《史记·季布栾布列传》）

（191）何子居之高，视之下，仪貌之壮，语言之野也！（《论衡·书虚》）

从例句中可以看到，主语和谓语之间的 "之" 也是添加在 "谓头" 位置上的，可以把一个句子形式变成一个名词性短语，使得来自询问名词性质的疑问代词 "何" 可以用在整个句子前表示感叹。

在 "谓头" 位置上，通过三种有限的语法手段不仅可以表达 "疑问语气范畴"、"祈使语气范畴" 和 "感叹语气范畴"，还能表达 "虚拟语气范畴"。

汉语和日语都可以在"谓头"位置上运用"添加"语法手段表达虚拟语气。例如:

(192)他们如果(假如)不来,我们就去。(北京话)

(193)*君若不来,将独伐秦。*(古代汉语,《国语》)

(194)Tanaka-ga kuru nara, watashi— wa ika-nai.

　　　田中　　　来　假如　我　　　去－不

　　　田中假如来的话,我就不去。(引自徐杰 2006:56)

从例句中可以看到,表达虚拟语气的虚词"如果(假如)"、"若"和"nara"都是添加在"谓头"位置上的。

而英语则是通过在"谓头"位置采取"移位"的语法手段来表达虚拟语气的。例如:

(195)Should you have any questions, please feel free to contact me.

(196)Had Judita studied harder last fall, she would not have to take so many courses this spring.

4.4 小结

通过对汉语普通话、汉语方言、少数民族语言,日语、英语、法语等外国语言的考察,本章具体分析了"谓头"位置和语气范畴之间的关系。

在"谓头"位置上,通过有限的三种语法手段,可以实现"疑问语气范畴"、"祈使语气范畴"、"感叹语气范畴",甚至"虚拟语气范畴"的表达。

本章认为汉语中通过正反重叠方式表达疑问的格式只有"A 不 AB"型正反问句,至于"AB 不 AB"和"AB 不 A"型问句,它们都不是经过重叠产生的,它们都是属于选择问句。"AB 不 AB"型问句是隐含了疑问连词"还是"的选择问句,而"AB 不 A"型问句则是在"AB 不 AB"型问句的基础上通过"照应省略规律"形成的。"是不是 VP"句式和"有没有 VP"句式都是通过正反重叠形成的两大疑问句式。这种分析对上海话中疑问副词"阿"与助动词以及否定词的相对位置具有一定的解释力。

第5章 "谓头"位置与否定范畴

5.1 引言

汉语中最典型的否定方法就是用否定词"不"或"没"进行否定。以往关于汉语否定的文献，一般都集中在对否定词的讨论上，其中主要是讨论"不"和"没（有）"这两个否定词的区别。

陈文伯（1979：23-31）谈到"不"和"没"都可以否定谓语动词。"不"否定的是动作或行为本身，"没（有）"否定的是动作的完成。

吕叔湘（1985：241-250）谈到"不"和"没（有）"的区别如下：

第一，词性不同[1]，"不"是副词，"没（有）"是动词和助动词。"没（有）"作为动词时，是"有"的反义词；作为助动词时，既能修饰动词，又能代表动词。例如：

（1）你去不去？——不去

（2）你去过没有（去过）？——没有（去过）

第二，语义不同，"不"的作用是单纯的否定，"没（有）"则是完成态（了）和经验态（过）的否定。例如：

（3）我们昨天开了个会。/ 我们昨天没开会。

（4）他读过高中。/ 他没读过高中。

---

[1] 关于"不"和"没（有）"词性的不同，王士元（1965：457-470）也持相同的观点。

马庆株（1992：33-34）指出"不"和"没"都可以用来否定自主动词。"不"一般用来否定非自主属性动词，而"没"一般用来否定非自主变化动词。

Cao-jiefei（1996）指出"不"是情态（语气）标记，它是对非实际世界进行否定的标记，而"没"是对实际世界进行否定的标记。

郭锐（1997：162-175）把"时状"分为"过程时状"和"非过程时状"两种。"过程时状"是把谓词性成分当做外部时间流逝过程中的一个具体事件，而"非过程时状"是谓词性成分不与时间的流逝发生联系，只是抽象地表示某种动作、状态或关系。"不"是对非过程时状的否定，而"没有"是对过程时状的否定。

宋永圭（2001：19）认为"不"是跟"时"无关联的中性否定标记，而"没"是跟"时"有关联的"实际世界"（"非未来"时）事件的否定标记。

聂仁发（2001：21-27）认为"不"和"没有"的语义特征互相对立，互相补充，构成了一个相对完整的否定系统。"不"=[+ 否定] [- 实现] 或 [+ 否定] / [+ 意愿] /[+ 性状]，"没有"=[+ 否定] [+ 实现]。它们的时间意义体现在"体"而不是"时"上。

石毓智（2001：23-86）谈到"没"和"不"的基本分工是："没"否定具有离散量语义特征的词语，"不"否定具有连续量语义特征的词语。通过这两个否定词与各个词类的整体用法可以清晰地看出这种概括的正确性。名词只有离散性质，所以只能用"没"否定。形容词的主要语义特征是连续的，所以在其否定上，"不"最为自由。动词具有双重的数量特征，所以它们可以自由地被这两个否定词否定。

Miao-Ling Hsieh（2001）提到"不"和"没（有）"的对立是动态情状和非动态情状的对立。"没（有）"是对动态情状的否定，而"不"是用来否定非动态情状的，不会改变的情状，常常是表达意志、习惯和将来指称的。

Lin（2003：425-459）认为"不"和"没"分布的不同是因为"不"选择的是状态性谓语（stative predicates），而"没"选择事件性谓语（eventive predicates）。"状态性"和"事件性"是一组对立特征，因此"不"和"没"成互补分布。例如：

（5）他不聪明。/ * 他没聪明。

（6）他没赢那场比赛。/* 他不赢那场比赛。

但是有些状态性谓语既可以和"没"连用，又可以和"不"连用，如"饿"、"在家"；还有个别状态性谓语只能和"没"而非"不"连用，如"他没病"，因此 Lin 的观点值得商榷（陈莉、潘海华 2008：1-78）。

陈莉、潘海华认为"不"和"没"的分布不同是因为两者需要选择不同体貌类型的谓语，其中"不"选择状态性谓语（stative predicates），而"没"选择阶段性谓语（stage-level predicates）。例如：

（7）他跑得很快。

（8）他没跑得很快。

（9）*他不跑得很快。

"跑得很快"描述"他"在一个特定的阶段里临时的表现，很显然是阶段性谓语，这和"不"选择状态性谓语的要求不符，因此否定词只能选择"没"。

很多学者从完成（completion）/非完成（incompletion）（Li & Thompson1981）、过去（past）/非过去（non-past）（B. Chiu 1993）、受限类情状（boundedness）/非受限类情状（unboundedness）（J. Shen 1995）、已然语气（realis mood）/未然语气（irrealis mood）（L. Liu 1997）、实现情状（realized situations）/非实现情状（unrealized situations）（D. Xu 1997）、终结（telicity）/非终结（atelicity）（M. Li 1999）等角度对"不"和"没（有）"做了区别（具体论述参见 Miao-Ling Hsieh 2001）。

汉语中除了否定词"不"和"没"外，还有"无"、"莫"、"非"、"别"、"甭"、"休"等。"无"和"非"分别是古汉语里"有"和"是"的反义词，现代汉语中只用于复合词和熟语里。"别"、"甭"、"休"都是表示禁止的助动词，"别"和"甭"除了用在祈使句中，还能用在表示劝说、要求、建议等动词后接的从句中，如：

（10）大家都劝他别生气。

（11）我们都要求她别去那个地方。

（12）我们建议他甭理那个人。

（13）大家都鼓励他别泄气。（引自石毓智 2001：49）

从前人对否定词"不"和"没（有）"的研究中可以看到，二者的区别主要集中在"时间"因素上，"不"是中性的否定，而"没（有）"则是对"非未来"完成动作的否定。

5.2 词或词组平面的否定和全句平面的否定

大部分学者都把否定分为"词组平面的否定"和"全句平面的否定"两种类型（Klima 1964, Teng 1974：125-140, 陈平 1991：211-246）。徐杰（2006：58）认为除了这两种否定类型外，还有更低层面的否面，即单词平面的否定。

5.2.1 词或词组平面的否定

在单词平面的否定中，否定词只是一个构词语素。

汉语中的构词平面的否定，一种是否定语素同其他词根构成新词，例如："不同"[1]、"不得"、"未免"、"莫大"、"不道德"、"非会员"、"非正式"、"无产"。一种是"不"用在动词性成分或者形容词成分和它们的补语中间，构成该动补结构或者形补结构的可能式，这时，"不"具有中缀的性质，例如："受不了"、"吃不开"、"打不倒"、"稳不住"、"听不见"、"拿不动"、"数不清"、"分不开"、"买不起"。

在英语中，构词平面的否定是通过否定前缀或者后缀的添加来表达的。表示否定的前缀有"un-"，"dis-"，"im(ir、in、il)-"，"a-"，"non-"，如"untrue"，"dislike"，"impossible"，"irregular"，"inactive"，"illegal"，"amoral"，"non-toxic"等。表示否定的后缀有"-less"，如"careless"等。

词组平面的否定句一般指的是否定成分并不直接否定谓语动词（或形容词），而是在其他句子成分中出现的那些句子。就语义而言，词组平面的否定句所否定的并不是主语和谓语之间的肯定关系，而是谓语以外的某个句子成分。从主语和谓语的关系来看，整个句子实际上是肯定句（陈平 1991：210-246）。

在英语中，当否定句子中的某个成分时，可以使用纯粹的否定词 not，这时 not 一律放在所否定的成分前面。如"we told him not to go"，"try not to break it"，"she lived not far off"。也可以使用否定代词和否定副词，如"they resemble each other in no respects"，"the book was nowhere to be found"。语法

---

[1] 徐杰（2006）认为在"你的想法跟他的不同"中的"不"跟全句平面的否定和句成分平面的否定都没有关系，只是单词平面的否定。"不"只是作为带有否定因素的语素跟另外一个语素"同"一起组成一个合成词"不同"而已。

学家把这种词组平面的否定称为"特指否定"（special negation）（参见曾炳衡 1964：13-20）。

徐杰（2006：58）认为词组平面的否定句实则并不是真正的否定句，而是包含否定词组的肯定句；因为句中的否定词组可以用一个同义的不包含否定的词组替换，替换之后，那些句子作为"肯定句"的本来属性更为明显。例如：

（14）他会不赞成你的说法。→他会反对你的说法。（徐杰 2006）

（15）对你他会不客气的。→对你他会很粗暴的。（徐杰 2006）

（16）他会不听从你的劝告的。→他会一意孤行的。（徐杰 2006）

5.2.2 全句平面的否定

Klima（1964）和 Teng（1974）都认为否定可以区分为全句平面的否定和句成分平面的否定（即词组平面的否定）。

当一个句子既可以是词组平面的否定，又可以是全句平面的否定的时候，它就具有了歧义。例如：

（17）不适当地灌水施肥。（沈开木 1984：408）

当"不"否定"适当地"的时候，"不"否定的是句中的状语成分"适当地"，这时否定是属于词组平面的否定，句子的意思是灌水施肥做得不适当；当"不"否定"适当地灌水施肥"的时候，"不"否定的是句子的整个谓语部分，这时否定是属于全句平面的否定，句子的意思是主观上不去适当地灌水施肥。

陈平（1991：226）谈到从语义上着眼，根据否定成分否定的对象，含有否定成分的句子可以分为句子否定和部分否定两类。前者否定主谓之间的肯定关系，后者仅仅否定句中某一成分而不影响主谓之间的肯定关系。

彭利贞（2007：315-316）认为对情态表达式的否定有三种方式，即外部否定和内部否定及这两种否定的结合体：双重否定。例如：

（18）她可能在办公室。

（19）她可能不在办公室。

（20）她不可能在办公室。

（21）她不可能不在办公室。

当否定词"不"出现在情态动词"可能"之后时，可看作是对命题的否定，也叫作内部否定；当否定词"不"出现在情态动词"可能"之前时，可看作是对情态的否定，也叫作外部否定；当情态动词"可能"的前后都出现否定词"不"时，这时便是外部否定和内部否定的结合，即"双重否定"。

彭利贞所指的"内部否定"实际上指的是词组平面的否定。当一个句子中同时出现情态动词和否定词时，如果否定词出现在情态动词之后，这时的否定属于词组平面的否定，整个句子仍然是肯定句；而如果否定词出现在情态动词之前，这时的否定才是全句平面的否定，也就是彭利贞所指的"外部否定"。

"提升否定"（raised negation）是指，语义上否定某个从属成分的否定词可以提上来，形式上否定较高层次的谓语动词（陈平 1991：226）。

在英语的主从复合句中，如果主句的谓语动词是"think"、"believe"、"suppose"、"fancy"、"expect"、"imagine"、"reckon"、"anticipat"、"guess"、"seem"、"happen"、"appear"、"feel"等表示信念、猜测、愿望等心理活动的动词，后跟宾语从句，否定词要放在主句里。例如：

（22）I don't think she's bald.

（23）I think she's not bald.

（24）我不认为他会对你说些什么。

（25）我认为他不会对你说些什么。（方立 2002：450–453）

方立（2002：450-453）认为提升否定句就是运用否定词提升转换规则把宾语从句中的否定词 not 移到主句的结果。"I don't think..."句式表达两种意义：一种是"not"否定整个句子表达的命题，一种是"not"否定宾语从句表达的命题。

从图 5-1 中我们可以看出，在否定词提升转换规则的运用下，否定词 not 从宾语从句的"谓头"位置提升到主句的"谓头"位置上，这个时候否定词否定的是宾语从句表达的命题；当否定词一开始就生成在主句的"谓头"位置上时，否定词否定的是整个句子表达的命题。由此可见，同一个句子之所以有歧义，是因为在同一种表层结构下有两种不同的深层结构。

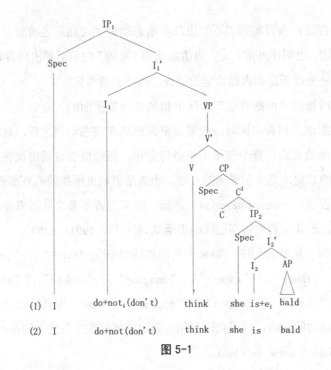

图 5-1

在否定疑问句中，助动词和否定词 not 组成的融合体作为一个整体进行"中心语移位"操作。例如：

（26）Don't you want to come with us?

（27）Isn't it a fine day today?

（28）Can't you get the book from the library?

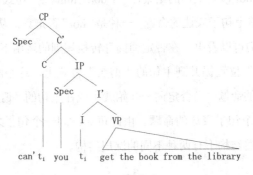

图 5-2

从上面例句中可以看到，否定疑问句是通过把助动词和否定词 not 的融合体整体移位到句首形成的，如例（26）中的"don't"，例（27）中的"isn't"，例（28）中的"can't"。如图 5-2 所示。

从图 5-2 中可以看到，助动词 can 和否定词 not 的融合体 can't 从 IP 的中心语位置 I 移至 CP 的中心语位置 C。

在英语中，否定词 not 一定要与"谓头"位置上的语法成分进行融合。如果"谓头"位置上没有任何语法成分，这个时候往往先进行 "do-support" 语法操作，在此基础上否定词再与之发生融合，进而整体移位到句首，即从 IP 的中心语位置 I 移至 CP 的中心语位置 C。例如：

（29）Didn't John borrow five books?

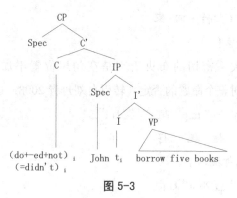

图 5-3

5.3 通过语法手段表达全句否定功能语法范畴

上面我们讨论了否定句的各种类型，包括单词平面的否定、词组平面的否定，以及全句平面的否定，除此之外，还有一类特殊的否定句，即"提升否定"。下面我们将集中探讨全句平面的否定是如何通过语法手段来表达的。

汉语和英语在形式上都是通过否定词否定谓语动词（汉语包括形容词）或者否定词直接作谓语来表达全句平面的否定，以否定谓语的形式来表现否定主谓关系的内容。

汉语中，名词可以直接作谓语。肯定形式的名词谓语句主谓之间可以没有"是"，但变成全句平面的否定句则一定要加"不是"。汉语动词谓语句和形容词谓语句变成全句平面的否定句，一般都是用否定词"不"、"没（有）"或"别"等来直接否定动词或形容词。

5.3.1 通过"句首"和"句尾"位置表示否定

非洲的豪萨语（闪含语系乍得语族）通常是在句首位置添加否定词"ba"或"kada"来实现对整个命题的否定（转引自刘丹青2008：141）。例如：

（30）Ba ka　　　kanantawa.（进行时态）

　　　不 你（阳性）在读

　　　你不在读。

（31）Kada ka　　　tafi gida!（虚拟式）

　　　不 你（阳性）回 家

　　　你别回家！

与壮侗语族关系密切的布央语则是在句尾位置添加否定词"la:i^{11}"或"la:m^{11}"来实现对整个命题的否定（转引自刘丹青2008：141）。例如：

（32）Ku^{54} taŋ^{11} kɛ^{54} ta:p^{11} ʔdai$^{54(24)}$ la:i^{11}.

　　　我 和 他 挑 得　　　不

　　　我和他都挑不了。

（33）Van^{54}ni^{11} qaʔbot^{11} la:i^{11}.

　　　今天 冷　　　不

　　　今天不冷。

（34）Kɛ^{54} tin^{11} la^{0}vi^{312} qhun^{54} la:m^{11}.

　　　他 会 走 路　　未

　　　他还不会走路。

豪萨语还可以通过同时在句首和句尾位置上添加否定词（即ba...ba）来实现对整个命题的否定，刘丹青（2008：140-141）把这类否定词称为句框否定词。例如：

（35）Ba ka　　　　ci ba.（过去时）

　　　不 你（阳性）吃了 不

　　　你没吃。

5.3.2 通过"谓头"位置表示否定

5.3.2.1 "谓头"添加

汉语中的否定词是居于"谓头"位置的，而在英语类语言中，居于"谓头"

位置的是助动词。汉语中否定词位于助动词之前，英语中是助动词位于否定词之前。徐杰（2006：59）谈到当句中同时出现否定词和助动词时，否定词和助动词可以在"谓头"位置融合为一体。Zwicky & Pollum (1983) 认为英语中的否定词 not 是嫁接在 I 节点上的（如图5-4）。

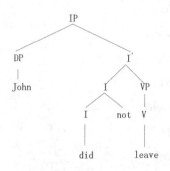

图 5-4（引自李梅 2007：115）

在汉语中，有时候否定词可以和某些助动词融合为一个音节，例如：

（36）不要→ [piau^{42}]

（37）不用→ [piŋ^{42}]（河南安阳话，引自黄伯荣 1996：423）

（38）不用→甭 （北京话）

"不"和"要"在"谓头"位置发生融合组成"不要"后，其中的"要"的意思已经不同于它原有的意义了。

"要"作助动词使用时，可以表示做某件事的意志。如：

（39）他要学游泳。

它也可以表示"需要、应该"。如：

（40）路很滑，大家要小心！

也能表示"将要"。如：

（41）我们要出国旅游了。

它还能表示估计，用于比较。如：

（42）夏天屋子里太热，树荫底下要凉快得多。

而"不"和"要"的融合体"不要"则通常用于祈使句中，表示禁止和劝阻。如：

（43）不要大声喧哗。/ 不要麻痹大意。

"不用"表示事实上没有必要。如：

（44）不用介绍了，我们认识。/ 大家都是自己人，不用客气。

在英语中，否定词"not"进入"谓头"位置后，基本上能和所有居于此位置上的助动词发生融合。例如：

（45）do not → don't

（46）does not → doesn't

（47）did not → didn't

（48）has not → hasn't

（49）have not → haven't

（50）had not → hadn't

（51）can not → can't

（52）could not → couldn't

（53）might not → mightn't

（54）shall not → shan't

（55）should not → shouldn't

（56）will not → won't

（57）would not → wouldn't

（58）dare not → daren't

（59）must not → mustn't

（60）need not → needn't

（61）ought not → oughtn't

（62）are not → aren't

（63）is not → isn't

（64）was not → wasn't

（65）were not → weren't

以上例句中的融合都是发生在"谓头"位置的，由两个音节融合为一个音节，这种是属于完全融合。在汉语中，否定载体"不"与一些助动词"能"、"会"、"许"、"敢"、"肯"、"愿"、"要"、"该"、"可以"、"可能"、"应当"等组成短语，"不"与这些助动词构成的短语也往往被看作一个新的否定载体（钱敏汝 1990：30-37），这个时候，"不"和这些助动词也在"谓头"位置发生了一定程度的融合，因此能被当成一个新的否定载体使用，通常被称作"否定助动词"（negative auxiliary）。

在例句"不许说谎"中，否定词"不"和助动词"许"在"谓头"位置发生一定程度的融合，形成一个新的否定载体"不许"（如图 5-5）。

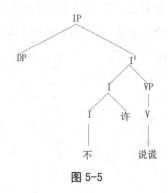

图 5-5

下面让我们看更多的例句：

（66）男子汉大丈夫不能白白去送死，死也要死得有个名堂。

（67）其实资本不会自行增值，它作为资本家所赚的钱，没有一分不是靠剥削来的。

（68）英国莎士比亚剧团的团长还不许演员吃葱蒜，担心演出时空气变"味"。

（69）我不敢再去麻烦邮局的同志，只好还是又低头思故乡了。

（70）为了省钱，他不肯去住院治疗，而是躺在家里继续指挥工程，结果病情日益加重。

（71）现在不少青年朋友不愿干具体事务，自我估价过高，认为所学知识用不上。

（72）任何外国不要指望中国做他们的附庸，不要指望中国会吞下损害我国利益的苦果。

（73）公共场所不该设套圈游戏场。

（74）无论男人，无论女人，可以没有一个婚姻，却不可以没有一份爱情。

（75）朝霞和夕阳不可能同时馈赠给所有的人。

（76）她不应当老给爱情的不坚定、脾气的不合适、冷淡、荒唐等等烦扰着。

在以上例句中，否定词"不"依次和助动词"能"、"会"、"许"、"敢"、"肯"、"愿"、"要"、"该"、"可以"、"可能"、"应当"在"谓头"位置发生融合，形成一个新的否定载体，对全句进行否定。

前面我们谈道，当一个句子中同时出现情态动词和否定词时，只有当否定词出现在情态动词之前，这时的否定才是作用于整个句子的；情态动词和否定词在"谓头"位置发生融合，形成一个新的否定载体，对情态的否定实际上就是对整个句子的否定。如图 5-6：

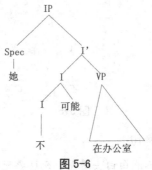

图 5-6

从图 5-6 中可以看到，否定词"不"和情态动词"可能"在"谓头"位置发生融合，形成了一个新的否定载体"不可能"，对全句进行否定。

全句平面的否定仅仅是对肯定的改变，它不会改变原句的焦点，全句平面的否定句和相应的肯定句中的焦点是完全统一的，它们所参照的焦点选择序列完全是一套（徐杰、李英哲 1993：81-92）[1]。

徐杰、李英哲谈到否定词"不"、"没（有）"、"别"等在词汇库里就带有 [+Negative] 和 [+Focus] 两种标记。这些带有 [+Negative] 特征的否定词在实现对全句进行否定的同时，由于它们还带有 [+Focus] 特征，所以它们被强制性地要求在其他条件许可的范围内尽可能地靠近焦点成分。

（77）他讲得不清楚（＊他不讲得清楚）。

（78）他干得不利索（＊他不干得利索）。

（79）他没讲清楚（＊他讲没清楚）。

---

[1] 焦点选择序列为："是"强调的成分→"连／就／才"强调的成分→数量成分→"把"字宾语→其他修饰成分→中心成分→话题成分。

（80）他没干利索（＊他干没利索）。（引自徐杰、李英哲 1993）

很多学者认为以上带"得"的复杂谓语句中，主要动词是句中的主要谓语，而"得"后的形容词是次要谓语；但有的学者认为刚好相反。后一种观点的一个重要论据是否定词"不"这里只能放在形容词前面。

我们认为，带"得"的复杂谓语句包含有两个"谓头"位置，"得"字补语是一个小句[1]，因此否定词可以出现在两个"谓头"位置上；有时候只能出现在"得"后，是因为"得"后的形容词是句中的焦点成分，根据所有带[+Focus]标记的词语都要靠近焦点成分的原则，否定词更倾向于位于"得"后的形容词之前。不带"得"的句子中，否定词就只能放在句中主要动词的前面[2]。

钱敏汝（1990：31-37）认为"的"、"地"、"得"具有聚焦作用，"得"字句中的"得"把否定范围和否定焦点限制在表层形式上位于"得"之后的成分，"得"直接位于"不"之前，挡住"不"的语义作用范围向"得"之前的成分延伸。

英语中表达全句平面的否定最常用的否定词是副词"not"，这个否定词只能放在谓语的第一个动词形式（助动词，情态词）之后，或者处在没有前二者的情况下插入进去的"do"、"does"和"did"之后，而不能放在它的前面。

否定中心和否定词的语法位置不是统一的。在"他讲得不清楚"和"他没讲清楚"中，否定中心都是"得"后补语所代表的结果，但是"不"在两句中的语法位置是不同的。

这里有必要区分"否定范围"和"否定中心"这两个概念。

"否定范围"，也称为"否定的辖域"；"否定中心"，也称为"否定的焦点"。

否定的辖域是一个否定词的作用范围，在一个包含否定词的格式中，所有可能被这个否定词否定的项目构成了否定的辖域。然而，处于否定的辖域之中的几个成分中通常只有一个是真正被否定的，这个被否定的项目叫作否定的焦点（钱敏汝 1990：31-37）。

沈开木（1984：404-412）、吕叔湘（1985：241-250）、徐杰 & 李英哲（1993：81-92）等都对"否定范围"和"否定中心"进行了区分。

在汉语中，全句平面的否定是通过在"谓头"位置添加否定词语"不"或者"没

---

[1] 关于"得"字补语结构是一个小句的论证在第 6 章中会详细论述，这里就不赘述了。

[2] 徐杰、李英哲（1993）认为"得"后的成分容易成为焦点的最终原因是在于它们是修饰成分，"得"的使用不过是修饰成分在线性结构上的一种实现方式罢了。

（有）"来表达的，它们的"否定范围"是作用于全句的；但是在具体的句子中，"否定中心"是不一样的。

否定中心和否定词没有直接的前后语序关系，否定中心的选择取决于独立于否定本身的焦点选择（徐杰 & 李英哲 1993：84）。否定词在句中的句法位置决定了它的否定范围，然而，句子的否定中心却是依赖于句子的焦点中心而存在的。例如：

（81）她不是在家乡结的婚。

（82）运动会不是明天开。

（83）他没有跑得很快。

在以上这些例句中，否定词"不"和"没有"都是添加在"谓头"位置的，它们的否定范围都是整个句子。然而上述例句中的否定中心分别是"在家乡"、"明天"和"很快"。也就是说，它们否定的都是状语或者补语成分，而状语和补语通常是一个句子中的焦点成分。图 5-7 可以很好地说明二者之间的关系。

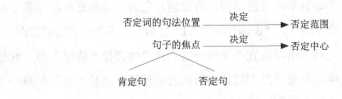

图 5-7

Huang（1988：274-311）指出有关"不"字的两个语言事实，如下：

Ⅰ."不"不能与完成体标记"了"共现 [见句（84c）]；以及

Ⅱ."不"不能与表方式的修饰语共现 [见句（85b）]。

（84）a. 我吃了木瓜。

　　　b. 我不吃木瓜。

　　　c. * 我不吃了木瓜。

（85）a. 他跑得不快。

　　　b. * 他不跑得快。

Huang 提出原则"否定词素'不'会与最邻接它的 V^0 成分组成一个新成分"来解释上述语言事实。

根据 Huang 的分析，"不"字会先黏在动词"吃"上，形成"不 - 吃"结

构，即一个"非事件"（non-event）。用完成态"了"去表述一个非事件，有
违语义原则，这解释了为什么句（84c）会不合法。同样，在句（85b）中，"不"
字先黏于邻接动词"跑"上，形成表示非事件的"不—跑"结构，由于"跑"
这个事件尚未发生，故用表方式的修饰语进一步修饰它，亦有违语义规则。至
于那些"不"与完成态"了"或表方式修饰语共现的句子，Huang 提出了两个解释。
解释一是这些句子在否定词及动词之间存在一个能愿动词或一个助动词，故不
会形成"不—动词"结构。如：

（86）他们不是骗了李四。

（87）你不能吃了这片木瓜。

（88）他们不是跑得很快。

（89）小李不会跳得很高。

解释二是针对那些在"不"字及主动词之间没有助动词或能愿动词，但"不"
字仍可自由地与完成态"了"或表示方式修饰语共现的句子。Huang 假定它们
有一个带将来或意愿意义的空语类能愿动词，一方面给予"不"、"不会"的
意思，另一方面，避免了"不"直接黏合在主动词上。例如：

（90）如果你不跑得快，你就得不到奖品。

李宝伦、潘海华（1999：111-127）认为 Huang 的分析是以"不"作为黏合
类成分为出发点的。李、潘认为"不"字并不属黏合类成分，并且对这种分析
存在的问题都一一进行剖析了，这里就不再赘述了[1]。我们认为 Huang 的分析
中最令人质疑的就是他提出的空能愿成分假设。

我们这里暂不讨论和比较 Huang 的分析和李宝伦、潘海华的分析的利弊问
题。我们仅仅就 Huang 所谈到的一点语言事实给出一个简单而合理的解释，即
在否定词和动词之间存在一个能愿动词和助动词的时候，否定词"不"是可以
与完成体标记"了"及表方式的修饰语共现的。

---

[1]　李宝伦、潘海华（1999）提出三个语言事实可支持"不"不属于黏合成分的论点。

ⅰ ."不"可否定非邻接成分；

ⅱ ."不"可直接否定动词，并给出合法句；以及

ⅲ ."不"可与完成态"了"及表方式的修饰语共现。

从图 5-8 和图 5-9 的比较中，我们可以看到，当否定词"不"和动词之间存在一个助动词"能"的时候，助动词"能"进入"谓头"位置，与已经占据此位置的否定词"不"发生融合，形成一个新的否定载体"不能"。"不能"与"不"在具体使用中所受到的限制条件是不一样的，尽管"不"不能与完成体标记"了"及表方式的修饰语共现，而"不能"却可以与它们共现。

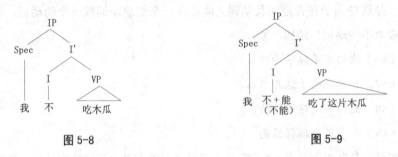

图 5-8   图 5-9

在前面的章节中我们谈道，日语采用的是"SOV"语序，在日语中，"谓头"位置和句末位置是重合的。否定词ない也是添加在"谓头"位置来表达否定范畴的。例如：

（91）彼は学生ではない。/ 他不是学生。

（92）この映画は面白くない。/ 这部电影没趣。

（93）私は彼とは一緒に行かない。/ 我不和他一起去。

5.3.2.2 "谓头"移位

在英语中，含有否定意义的词语放在句首时往往引起"助动词—主语"移位操作。例如：

（94）Not a word did he say.

（95）Never did he realize the trouble he had caused.

（96）My mother doesn't like fish, Neither do I.

（97）Not until he finished his homework did Li Ping go to bed last night.

（98）But he would disgorge the bait now. Not another line would he ever write.

（99）Not since 1940 have the Republicans nominated someone who did not actively seek the nomination.

余小强（2005：42-46）运用"优选论"（Optimality Theory）解释了英语中的否定算子前置时，助动词移位到主语之前的倒装操作。他把副词分成了两类：算子类副词（包括否定副词和疑问副词）和普通副词。由于自身性质的不同，前者在句法树上会因 OP-SPEC（operator in specifier）的要求位于短语的指示语位置，而后者仍以嫁接的方式位于短语嫁接语位置。否定算子前置时，助动词移位到主语之前是唯一的最优选项。如图 5-10。

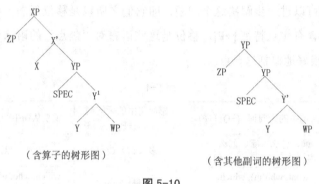

（含算子的树形图）　　　　（含其他副词的树形图）

图 5-10

从图 5-10 中可以看到，否定算子 ZP 位于 [SPEC XP] 位，且 XP 为否定算子前置后所形成的新的最大投射；词首 X 为空位，可以成为 Y 移位后的着陆点。由于新的最大投射 XP 的中心语 X 是空位，而根据短语必有词首（obligatory heads，简称 OB-HD）的要求，另一个词首 Y 必须移位上来填补新投射词首 X 的空位。然而，其他副词 ZP 是嫁接在最大投射 YP 上，最大投射 YP 的性质没有发生任何改变。

徐杰、李英哲（1993：81-92）谈到疑问词和否定词都带有焦点特征 [+F]。多数学者都把疑问代词前置跟疑问句的构成不可分割地联系起来，或明或暗地把前者看作后者的一部分内容，徐杰（1999：22-36）认为疑问句中的疑问代词前置跟疑问范畴和疑问句没有直接的联系，英语中疑问代词前置是英语对"焦点"的语法处理方式。在英语中，只要是具有焦点特征 [+F] 的成分都必须前置。这也说明了为什么英语中含有否定意义的名词词组或者副词词组要前置，因为否定词中包含了焦点特征 [+F]。

在英语中不仅疑问句中的疑问代词要前置，关系从句中的关系代词和感叹句中的疑问词也要前置。不仅如此，在法语和德语中，含有"qu"和"w"形态的疑问词和关系代词也要移位。一种可能性是，"wh"、"qu"或"w"之类只是移位形态，而非疑问形态（何元建2007：190），所以关系从句中的关系代词和感叹句中的疑问词虽然移位了，但是却没有疑问性质。这种处理方法实际和徐、李（1993）的做法本质是一样的，即把WH-移位语言中疑问代词的前置和表达疑问割裂开来，但是它却没有回答为什么具有"wh"、"qu"或"w"形态的词语要进行移位，它们为什么是移位形态。如果运用徐、李（1993）的观点，我们可以进一步解决这个问题，即它们之所以是移位形态，归根到底是因为它们都含有焦点特征 [+F]，移位是这些语言对"焦点"的语法处理方式。表5-1能够很好地概括这一点。

表 5-1

	疑问句中的疑问词　[+Q] [+F]	感叹句中的疑问词 [+F]	关系从句中的关系词 [+F]
汉语	谁、什么、哪、怎么 多（少、么）、几、何	多（么）、何	无
英语	what, who(m), which when, where, why, how	what, how	which, who, whom, whose when, where, why
法语	que, quel, quelle（什么）、qui（谁）、comment（怎样）、où（哪儿）、pourquoi（为什么）、quand（什么时候）、combien（多少）	que, quel, quelle, combien	que, qui, où
德语	wer（谁）、was（什么）、welcher, welche, welches（哪一个）、wieviel（多少）、wie（怎么样）、wo（哪儿）	wo, was, wie, wieviel	wer, was, welcher, welche, welches wie, wo

5.4 对相关现象的解释

徐杰（2006：59）谈到状语跟主要动词的关系可紧可松，大体上可以分为"全句状语"和"谓语状语"两类。"全句状语"是游离于谓语之外，是整个句子的修饰语；而"谓语状语"则是大谓语的一部分，修饰谓语中心语。

从句法结构上看，"全句状语"是嫁接在 I' 节点上的，而"谓语状语"则是嫁接在 V' 节点上的（如图5-11）。

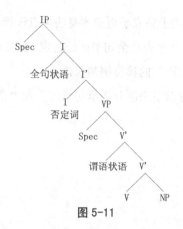

图 5-11

从图 5-11 中可以看到,否定词是位于句法结构中的"谓头"位置的,即"I"节点下的,"全句状语"是嫁接在"I"节点之上的 I' 节点上;而"谓语状语"则是嫁接在 V' 节点上。"I"节点下的否定词可以用来区分"全句状语"和"谓语状语"。

在现代汉语中,很多状语性成分既可以是修饰整个句子的全句状语,又可以是修饰谓语中心语的谓语状语,因具体句子而异。然而,当它们与否定词同现时,根据它们与句中否定词的前后语序关系,就可以很好地做出判断。例如:

(100)刘莺完全明白了这个道理。

(101)刘莺没完全明白这个道理。

(102)刘莺完全没明白这个道理。(戴耀晶 2000:51)

以上三个例句中,第一个例句是肯定句,第二个和第三个例句都是否定句。在第二个例句中,状语性成分"完全"位于否定词"没"之后,在句法结构上是嫁接在 V' 节点上的,属于谓语状语;而在第三个例句中,状语性成分"完全"位于否定词"没"之前,在句法结构上是嫁接在 I' 节点上的,属于全句状语。

5.5 小结

否定有三种类型:词汇平面的否定、词组平面的否定和全句平面的否定。除此之外,还有一类特殊的否定,即"提升否定"。在汉语中,可以通过在"谓头"位置添加否定词"不"和"没(有)"来表达全句平面的否定。当否定词添加在"谓头"位置上时,否定是作用于整个句子范围的;然而在具体的句子中,否定中心是不同的,它的选择取决于独立于否定本身的焦点选择。日语也可以通过在"谓头"位置上添加否定词ない来表达全句平面的否定。在英语中,当否定词前置时,往往伴随着"助动词—主语"的移位倒装操作。

在汉语中,否定词可以用来区分"全句状语"和"谓语状语"。

第6章 "谓头"位置与复句关联范畴

6.1 引言

陆俭明（1983：90-96）先生指出，汉语中的从句通常位于主句之前，不管前后分句的主语是否相同，从句中的主从复句连词大都可以自由出现于主语之前，或是主语之后。因此，认为连词的位置取决于前后分句主语是否相同的观点有些以偏概全，它只能说明联合复句中关联标记的位置情况。曹逢甫（2004：186-187）运用主题提升规则对这种现象做出了解释，并且他把汉语中的两种特殊句式，即双主语句式和动词复制句中复句关联标记位置的多样性，也纳入了他的理论框架下统一处理。例如：

（1）a. 虽然他昨天生病，他还是来了。

b. 他虽然昨天生病，他还是来了。

c. 他昨天虽然生病，他还是来了。

（2）a. 虽然他照相照 de 很慢，可是却很好。

b. 他虽然照相照 de 很慢，可是却很好。

c. 他照相虽然照 de 很慢，可是却很好。

d. 他照相照 de 虽然很慢，可是却很好。

曹先生谈道，"虽然"等子句连词都是在深层的 COMP 位置生成，即线性语序上的句首位置。在第一个例句的 b 和 c 中，"虽然"在表层结构中的位置变化分别是主题"他"和"他昨天"提升的结果；在第二个例句的 b、c 和 d 中，"虽然"在表层结构中的位置变化分别是主题"他"、"他照相"和"他 照相照 de"提升的结果。曹先生的研究无疑加深了我们对这些语法现象的进一 步认识和理解，但是令人困惑的是，复句关联标记为什么会像提升动词那样允 许主题提升规则的运用？[1] 为什么只有前一分句的复句关联标记允许主题提升， 后一分句却不可以？

徐杰（2006：56）提出了句首、句尾和"谓头"位置都是句子敏感位 置的观点，在表达"虚拟"这种句子功能范畴时，复句关联标记可以出现在这 三个位置上。既然复句关联标记可以出现在这三个位置上，那么，它们在这三 个位置上的分布是否出于相同的句法动因呢？所有的复句关联标记是否都能出 现在这三个位置上呢？在双主语句式和动词复制句中，复句关联标记位置的变 化到底有没有规律可循呢？本章拟在已有研究成果的基础上，对这些问题一一 解答。

6.2 汉语复句关联标记位置的复杂性

6.2.1 从跨语言的视野看汉语复句关联标记的位置

6.2.1.1 汉语中的复句关联标记位置

在汉语中，能在复句中起连接两个分句作用的词语很多，包括连词、关联 副词、助词以及一些具有关联作用的短语词（如"如果说"、"之所以"、"要 不是"等），我们把它们统称为复句关联标记。汉语主从复句一般都是从句位 于主句之前，因此下文在没有特别说明的情况下，"前一分句"都是指"主从 复句的从句"。

汉语中的复句关联标记可以分为并列复句关联标记和主从复句关联标记。 在汉语复句中，前一分句中的关联标记一般为连词，它们可以出现在主语之前 或之后的位置。具体来说，在并列复句中，当前后分句主语相同时，关联标记

---

[1] 所谓的"提升动词"（Raising verb）指的是汉语中"看来"和英语中"seem"一类 词。而之所以叫提升动词，是因为学者们认为"张先生看来很高兴"和"John seems to be very happy"中的全句主语"张先生"、"John"本来并不在全句主语位置上，而是在其中的宾语从句 的主语位置上，是经由提升移位从小主语位置挪到大主语位置上去的。这种提升移位情况经常发生 在"看来"、"seem"构成的句子中，所以连带的这类词语也被称为提升动词。

一般是放在主语之后；当分句主语不同时，关联标记一般是放在主语之前。在主从复句中，不论前后分句的主语相同与否，关联标记大都可以自由出现在主语之前或之后。例如：

（3）a. 我与其去挤车，不如步行去。

　　　b. *与其我去挤车，不如步行去。

　　　c. 与其你辞退，不如我辞退。

　　　d. *你与其辞退，不如我辞退。

（4）a. 虽然他远离家乡，但一直惦记着家乡的人民，家乡的一草一木。

　　　b. 他虽然远离家乡，但一直惦记着家乡的人民，家乡的一草一木。

　　　c. 即使她骂我打我，我也还是象过去一样很好地对待她。

　　　d. 她即使骂我打我，我也还是像过去一样很好地对待她。（引自陆俭明 1983：90-96）

前一例是并列复句，a 中前后分句的主语相同，关联标记"与其"只能放在主语"我"之后，不能放在"我"之前，所以 b 句不成立；c 中前后分句的主语不同，关联标记"与其"只能放在主语"你"之前，不能放在"你"之后，所以 d 句不成立。

后一例是主从复句，a 和 b 中前后分句的主语相同，关联标记"虽然"既可以出现在主语"他"之前，又可以出现在"他"之后；c 和 d 中前后分句的主语不同，关联标记"即使"也是既可以出现在主语"她"之前，又可以出现在"她"之后。

在汉语复句中，前一分句和后一分句的关联标记通常是配套使用，以上是汉语复句中前一分句的位置情况，我们再来看看后一分句的位置情况。在并列复句中，后一分句的关联标记通常为连词，它们只能放在句首位置。在主从复句中，后一分句的关联标记可以是连词，也可以是关联副词。如果是连词，必须放在句首位置；如果是关联副词，必须放在主语之后的位置。

在汉语中，还有一类为数不多的具有关联作用的句法成分，它们一般是位于主从复句前一分句的句尾位置。例如：

（5）你去买的话，给我也带一点。

（6）他进来时，我已经做完了。（引自刘丹青 2003：148）

以上两例中起关联作用的分别是"的话"和"时",它们都是位于前一分句的句尾位置。江蓝生(2002:291-301)把它们都看作助词,而刘丹青把这些位于句尾的关联成分一律看成后置连词,与位于句首的前置连词相对。

6.2.1.2 其他语言中的复句关联标记位置

介词主要分为前置词和后置词两种。前置词和后置词分别是"前置介词"和"后置介词"的简称;前者是用于名词或名词短语前,后者是用于名词或名词短语后。介词类型在语序类型学中占有核心的地位,它会影响一种语言其他很多方面的面貌;可以说,介词是一个普遍适用的语序类型学核心参项。根据介词类型,人类语言可分为前置词语言和非前置词语言两大类。非前置词语言又包括后置词语言和无介词语言两类。下面,我们将以某一种代表语言为例,分别探讨后置词语言和前置词语言中复句关联标记的位置。

(一)后置词语言中的复句关联标记位置

景颇语是后置词语言,其表达复句关系的主要手段是在前一个分句末尾使用后置连词,不管是并列复句还是主从复句。例如:

(7)Nang bung¹li¹ ga¹lo grai¹ sha¹kut¹ ai hta[①]n²-ga², lai¹ka¹sha¹rin²mung¹grai¹ga¹ja n¹dai.

你 活儿 做 很 努力(句尾词)不仅 学习 也 很 好(句尾词)
你不仅干活很努力,学习也很好。

(8)Ma¹rang lo[①]n¹na², mam grai¹ga¹ja ai.

雨 多因为,稻子 很 好 (句尾词)

因为雨水多,稻子长得很好。(引自戴庆厦、徐悉艰1992:384-385)

上述两个例句分别是并列复句和主从复句,句中的复句关联标记都是位于前一个分句的句尾位置上。

(二)前置词语言中的复句关联标记位置

英语是前置词语言。在英语的并列复句中,通常是由"and"、"but"、"or"、"however"、"nevertheless"、"while"等连词来连接两个并列的分句。例如:

(9)Paul is wide-awake during the night, and in the daytime he is indolent, often dozing in the sunshine.

(10)He knows it is inconvenient, but he wants to go anyway.

（11）Make up your mind, or you will miss the chance.

（12）English is understood all over the world, while Turkish is spoken by only a few people outside Turkey itself.

以上四个并列复句中的关联标记分别是"and"、"but"、"or"、"while"，它们都是用在后一分句主语之前的位置上。

在英语主从复句中，通常是主句位于从句之前，关联标记只能放在从句句首位置。有时从句前置，位于主句之前，这时往往在主句句首添加关联标记，与从句句首的关联标记配套使用。例如：

（13）You will have a good result in the final examination if you study hard enough.

（14）He wouldn't listen although I told him many times.

（15）If you study hard enough, then you will have a good result.

（16）Although I told him many times, yet he wouldn't listen.

前两例中的连词分别是"if"和"although"，它们都是位于从句的句首位置。后两例中从句前置，因此在主句句首分别添加了关联副词"then"和连词"yet"。

6.2.2 汉语中的句首复句关联标记和句尾复句关联标记

6.2.2.1 连词和介词的语序和谐性

汉语中的介词通常是指，能独立用在名词或名词短语前与之构成一个介词短语的一类词。这里的"介词"概念指的是前置词。介词不仅仅包括前置词，还包括后置词和框式介词。后置词是指能独立用在名词或名词短语后与之构成一个介词短语的一类词；而框式介词是指由前置词加后置词构成的，使介词支配的成分夹在中间的一种介词类型。汉语中既有前置词又有后置词，汉语中的前置词来源于连动结构中的谓语动词，所以也称为动源前置词；后置词则来源于关系名词结构，也称为名源后置词。汉语中常见的后置词是方位词，它们是由表示位置的关系名词语法化而来的，如"上"、"下"、"前"、"后"、"内"、"外"等（详见刘丹青 2003：117-182）。

连词和介词在历史来源上具有相关性，很多连词是由介词发展而来的；其次它们都是属于"联系项"，因此连词和介词具有高度一致的语序和谐性。很多语言中的后置连词（即用在小句末尾的连词）是由后置词语法化而来的，存在后置词的语言通常情况下也会存在后置连词。汉语中不仅存在着后置词，还存在着后置连词，在更典型的前后置词并存互动的语言中，后置连词是大量存在的。

6.2.2.2 汉语中的前置连词和后置连词

国内汉语学界对介词的研究主要集中在前置词上，对连词的研究也主要集中在前置连词上。汉语复句中用于连接两个分句的连词大多属于前置连词（即用在小句句首的连词）。现在汉语中除了"的话"和"时"这两个后置连词外，我们观察到有一些用于引导时间状语从句的关联标记，它们也是属于后置连词。这些关联标记主要有"之前"、"之后"、"以前"、"以后"、"以来"等。例如：

（17）赵王送璧到秦国来之前，斋戒了五天，还在朝堂上举行了一个很隆重的仪式。

（18）司马光罢官回到洛阳之后，就专心写《资治通鉴》，一共花了十九年时间，才把这部著作完成。

（19）元世祖忽必烈即位以前，就重视吸收汉族的读书人，帮助筹划朝政大事。

（20）舜接替尧当部落联盟首领以后，亲自到治水的地方去考察。（北京大学现代汉语语料库）

以上四个例句中的关联标记分别是"之前"、"之后"、"以前"、"以后"，它们都是由"之/以"和单音节方位词"前/后"组合而成的双音节方位词。这些双音节方位词跟在名词或者时间数量词后面时，它们就具有了较为典型的后置词用法，它们的后置词用法正是从方位名词发展而来的。在表达从属关系方面，介词和连词的区别只在于介引名词短语还是介引小句（见刘丹青2003：148）。"之前"、"之后"、"以前"、"以后"这几个双音节方位词附加在名词或时间数量词的后边时，它们是后置词；当它们附加在动词或是小句的后边时，它们就具有了后置连词的功能，充当的是时间状语从句的关联标记，因此它们都是同时兼有介词和连词功能的介—连兼类词。

汉语中时间状语从句关联标记"以来"也是由后置词语法化而来的后置连词。

例如:

(21)自从汉献帝迁都许都以来,朝廷大权和兵权全掌握在曹操手里。
(北京大学现代汉语语料库)

例句中位于前一分句句尾的关联标记"以来"通常是和位于句首的关联标记"自从"配套使用,形成框式连词。

从上面的论述中可以看到,汉语中同时存在着前置词和后置词,相应的,汉语中也同时存在着前置连词和后置连词。因此汉语中不仅有位于分句句首位置的关联标记,还有大量位于分句句尾位置的关联标记。

6.2.3 "谓头"位置上的汉语复句关联标记

6.2.3.1 "谓头"位置上的连词标记

前面我们提到过,汉语并列复句和主从复句中前一分句中的关联标记一般为连词,它们可以出现在主语之前,或主语之后的位置。主语之后的位置就是"谓头"位置。具体来说,在并列复句中,当前后分句主语相同时,关联标记一般是放在"谓头"位置;在主从复句中,不论前后分句的主语相同与否,关联标记大都可以出现在"谓头"位置。例如:

(22)小李的学习成绩真是没说的,他不但成绩优秀,而且人品也不错。

(23)小王虽然书面成绩低了一点,但是其他能力很强,我主张录用他。
(引自周刚 2002:9)

(24)我因为忙着要去报仇,不及穿孝。(《儿女英雄传》)

(25)不是呀!你们男人要是都会买东西,要我们女人干什么呢?(老舍《龙须沟》)

(26)你如果没心事,昨夜怎么好端端的说梦话,会叫起人家来了?(《儿女英雄传》第23回)

(27)往后就算老天爷一年不下雨,也保证丰收啦。

例(22)是并列复句,前后分句的主语相同,并列连词"不但"是位于分句的"谓头"位置上的。例(23)—(27)都是主从复句,转折连词"虽然"、因果目的连词"因为"、假设条件连词"要是"和"如果"、让步连词"就算"都是位于分句的"谓头"位置上的。

有些复句中的连词标记是只能出现在"谓头"位置上的，它们不能放在句首位置上。例如：

（28）集中兵力之所以印这材料，是为了改变敌我的形势。（毛泽东《中国革命战争的战略问题》）

（29）且庸人尚羞之，况于将相乎？（《史记·廉颇蔺相如列传》）

（30）梁山伯这一伙，朝廷几次尚且搜捕他不得，何况我这里一郡之力？（《水浒全传》第63回）

上述例句中的因果目的连词"之所以"、递进连词"尚"、"尚且"都只能位于分句的"谓头"位置上，而不能出现于句首位置。

6.2.3.2 "谓头"位置上的关联副词

关联副词主要有"就、又、也、才、还、却"等，通常情况下，关联副词被认为是应该放在主语之后的，但是在实际的语言使用中它们却是可以位于主语之前的（吴中伟 2004：94-96）。首先它们可以位于句子（小句）主语前，如：

（31）以前没人想去，可现在却谁都想去。

（32）出了事故，就谁也跑不了。

其次，它们可以位于所谓主谓谓语句的"小主语"前，例如：

（33）要是一把火把你的房子烧个精光，你就一个钱也拿不到了。

（34）不但年轻人踊跃报名，而且老头老太太们也个个都争先恐后，特别起劲。

以上这些主语或小主语都具有周遍性意义（参见陆俭明 1986：161-167），因此，可以说关联副词位于周遍性主语之前。

当句子中出现时间状语时，关联副词有居于时间状语之前和之后两种可能：

（35）我也明天去北京。／我明天也去北京。

由此可见，关联副词有出现于主语前的情况；即使通常情况下它们是位于主语之后，仍有是紧跟在主语之后还是可以为其他成分分开的问题，因此不能笼统地说关联副词的位置在主语后。

再次，关联副词还可以在复动"V 得"句的 VP_1 之后，例如：

（36）他唱歌唱得不错，跳舞也跳得很漂亮。

吴中伟（2004：97）从语用平面上对关联副词的语法位置做出了解释，他提到关联副词的句法分布规律是位于主题之后，述题之首。

吴中伟谈到关联副词可以位于周遍性主语之前，是因为周遍性词语不能充当主题，可以用"是不是"的标准进行检验，这些周遍性词语只能放在"是不是"的前面。如：

（37）现在谁都想去。

（38）现在是不是谁都想去？

（39）*现在谁是不是都想去？

（40）你一个钱也拿不到。

（41）我是不是一个钱也拿不到？

（42）*我一个钱是不是也拿不到？

吴先生认为正是因为周遍性主语"谁"、"一个钱"不是主题，所以关联副词"却"、"就"只能出现在它们的前面；可是周遍性主语后面也出现了关联副词"都"和"也"，如例（31）—（34），这不是自相矛盾的解释吗？

如果我们修正吴中伟的说法，从语法平面上对关联副词的语法位置限制，即关联副词的句法分布规律是"谓头"位置，那么以上的问题就迎刃而解了。

首先，关联副词可以位于句子（小句）主语前，这个位置实则是"谓头"位置；因为在关联副词的前面可以补出隐含的大主语来，句中出现的主语是小主语，整个句子是一个主谓谓语句。如：

（43）以前没人想去，可现在（你们）却谁都想去。

（44）出了事故，（你们）就谁也跑不了。

其次，关联副词不仅可以位于所谓主谓谓语句的"小主语"前，在"小主语"后面也能同时出现关联副词，如例（43）和（44）中的"都"和"也"。"小主语"的前后位置都是"谓头"位置，所以关联副词可以出现在这两个位置上。例如：

（45）要是一把火把你的房子烧个精光，你就一个钱也拿不到了。

（46）不但年轻人踊跃报名，而且老头老太太们也个个都争先恐后，特别起劲。

再次，当句子中出现时间状语时，关联副词有居于时间状语之前和之后两种可能，原因是时间状语在整个句子中充当的是"小主语"，时间状语的前后位置都是"谓头"位置。

下文，我们将会讨论到关联副词可以在复动"V得"句的VP_1之后，这也是因为"V得"句的VP_1也是全句的小主语，关联副词占据的是"谓头"位置。

6.3 汉语两种特殊句式中复句关联标记的位置

6.3.1 前人关于汉语两种特殊句式的研究

6.3.1.1 前人关于汉语双主语句式的研究

（一）前人关于"主语"和"话题"的争辩

主语和话题问题是汉语语法中的核心课题之一。"主语"和"话题"这两个概念在汉语中是否有存在的客观根据受到广泛的质疑和争论。到底汉语中有没有"主语"和"话题"这些东西？如果有的话，是只有其中一个呢，还是两个都有；如果两者都有的话，它们是否处于同一层面。

关于"主语"和"话题"的争辩主要有三派不同的观点。

第一派观点为：汉语语法中只有话题成分，没有主语成分。其他语言中的主语成分在汉语中相应的平行成分就是话题成分。持此观点的有赵元任（1979）、李英哲等（1990）、徐通锵（1997）等。

第二派观点为：在汉语的语法平面，只有主语成分和谓语结构，没有话题成分和话题—陈述结构。"话题"是语用平面的概念。同一语法单位在语法中是主语，丝毫不影响它在语用中是话题，反之亦然。持此种观点的有朱德熙（1985b）、胡裕树 & 范晓（1985）、范开泰（1985）、陆俭明（1986）、史有为（1995）、袁毓林（1996）、杨成凯（1997）等。

第三派观点为：汉语在语法平面既有主语成分，也有话题成分。在汉语中，"话题"是一种占有特定语法位置的，结构上独立的语法成分。在此共同认识之下，不同学者从不同理论背景对话题进行了研究。

功能主义学派有 Li & Thompson（1976、1981）、曹逢甫（Tsao, 1987）等。

形式主义学派有黄正德（Huang, 1982、1984）、Xu & Langendoen（1985）、蒋自新（Jiang, 1991）、宁春岩（Ning, 1993）、黄正德 & 李艳惠（Huang & Li, 1995）、徐淑瑛（Shyu, 1995）、石定栩（Shi, 1992、2000）、蒋鲤（2006）、徐烈炯 & 刘丹青（2007）等。

（二）关于"话题是一种语法特征"的观点

徐杰（2001：87-116）的观点不同于以上三派观点，他提出"话题"是一种语法特征的观点。在语法平面，"话题"不是一种独立的句法成分，它不是跟主语、谓语、宾语平行的句法成分,在基本句法结构中没有独立的地位。"话题"是依附于某些句法成分的一种语法特征,这个功能特征在某些语言中可能会驱动诸如"添加"和"移位"等形式语法手段的运用。充当话题的语法单位都另有自己所担负的句法结构职能,都另外独立地属于某种句法成分。在句法结构上,有"话题"特征 [+T] 的那些成分一般是主语,但是也不完全是。就形式化的句法结构而言,所谓的"话题"结构实为双主语结构。

6.3.1.2 前人关于动词复制句式的研究

"动词复制句"通常也被称为"重动句"、"复动句"、"动词拷贝结构"等。动词复制句指以下这类句式:

(47)张三吃饭吃了三个小时。

(48)张三打篮球打得非常好。

(49)张三打篮球打累了。

"动词复制句"可以表示为"NP_1+V+NP_2+V+XP",它是现代汉语中很有特点的一种句式。自从王力(1954)用"叙述词复说"简单分析了这类语法现象之后,研究文献中对动词复制句的讨论主要集中在两个问题上:一是详细描写动词复制句的实例,从形式上做出分类;二是讨论动词复制句的句式是属于连动式,还是属于主谓谓语式、主状动式、主动补式(主述补式)、主动宾补式、谓语联合式等等,分歧意见很多(参看范晓 1993:57-74,戴耀晶 1998:1-4)。

其中,一种观点认为"动词复制句"是连动式。这种观点认为两个动词共一个主语,代表学者有王福庭(1960)、陈建民(1986)等。

一种观点认为"动词复制句"是"主谓谓语句"或"拷贝式话题结构"。这种看法把"NP_1"看作大主语(主话题),把"$V+NP_2$"看作是小主语(或次话题)。代表学者有邓剑文(1958)、赵元任(1979)、曹逢甫(Tsao,1987)、王玲玲 & 何元建(2002)、徐烈炯 & 刘丹青(2007)等。

一种观点认为"动词复制句"是"主状动"句。这种看法认为这种句子是"动宾词组作状语的动词谓语句"。代表学者有赵普荣(1958)。

一种观点认为"动词复制句"是"主动补(主述补)"。代表学者有丁声树等(1961)、李临定(1980)、范晓(1993)、蒋鲤(2006)等。

还有的认为"动词复制句"是"主动宾补式"(胡附 & 文炼 1957)、"谓语联合式"（洪心衡 1963）。

我们同意把"动词复制句"看成是"主谓谓语句"或"拷贝式话题结构"。在下文中，"动词复制句"和"主谓谓语句"都是被当成双主语句式来处理的。

关于动词复制句中的动词重复或拷贝的原因，学者们从句法和语义两个方面展开了讨论。Huang（1982、1988）和黄月圆（1996）从句法方面做出了探讨。

Huang（1982、1988：274-311）认为动词复制句中的动词重复现象是汉语句法中短语结构的内部制约造成的，并认为动词拷贝是一种挽救策略，指出动词拷贝是源于汉语句法中的"短语结构条件限制"。根据"短语结构限制"，汉语的语序一般是中心语结尾，而中心词起始的情况只能在动词短语中出现，在动词短语中动词出现在宾语的前面；并且动词短语的中心成分只能向左分叉一次，而且分叉只能出现在最低扩展层次。从线性结构上看，动词短语的中心词的右边只允许有一个直接成分。

黄月圆（1996：92-99）认为动词拷贝现象主要原因是名词性成分格位的要求。格位理论规定，句子中任何一个有语音形式的名词性成分都要被指派格位，动词拷贝现象是名词性成分必须被指派格位的要求带来的。

戴浩一（1990、1994）、项开喜（1997）和张旺熹（2002）从语义方面做出了探讨。

戴浩一（1990：21-27、1994：187-217）认为，动词拷贝是由语义决定的，动词拷贝具有显示某一事件自身重复性的符号象征功能，动词重复与动词短语所表示的时间自身具备的延续性和重复性有关。他认为语言表达形式的重复对应于概念领域的重复，汉语中动词重复现象是对持续动作和状态的临摹表达。

项开喜（1997：260-267）认为，重动结构作为一种独特的句法结构，突出强调动作行为表现出来的超常量，即超常结果、超常量和超常状态／程度。

张旺熹（2002）从"远距离因果关系"来分析动词复制结构的语义认知基础。

关于动词复制句与其他句式的关系，如与"把"字句、"被"字句、"话题句"等的关系，曹逢甫（Tsao，1987）、范晓（1993）、袁毓林（1996）、王灿龙（1999）、唐翠菊（2001）、王玲玲 & 何元建（2002）、徐烈炯 & 刘丹青（2007）等学者做出了相关的研究。

6.3.2 汉语双主语句式中复句关联标记的位置

在英语中，只有动词性成分才能充当句子的谓语部分；而在汉语中，不仅动词性成分能充当谓语，形容词成分也能充当谓语，甚至名词性成分和句子结构都能充当句子的谓语部分。主谓谓语句就是句子结构充当谓语的句式，它是汉语独特的句子类型。汉语的主谓谓语句被认为是一种典型的"话题结构"（见 Li & Thompson 1976；曹逢甫 2004；徐烈炯 & 刘丹青 2007）。在"那棵树叶子大"这样的句子中，"叶子"是主语，而"那棵树"则是句子的话题。徐杰把这种典型的"话题结构"当作双主语结构来处理，认为"那棵树"是全句的大主语，"叶子"是小主语。话题本身不是一种独立的句法成分，通常情况下，它是主语成分的一个功能特征，这个功能特征在某些语言中有可能诱发"添加话题标记"和"移动带话题特征 [+T] 的语法单位"一类的语法运算（详见徐杰 2001：87-116）。在汉语的双主语结构中，复句关联标记的位置具有一定的灵活性。例如：

（50）a. 因为那部电影他没看过，所以不知道好不好。

　　　b. 那部电影因为他没看过，所以不知道好不好。

　　　c. 那部电影他因为没看过，所以不知道好不好。

以上例句中的前一分句都是双主语句式，其中的复句关联标记可以出现于句首，即大主语之前；可以出现于大主语之后；可以出现于小主语之后。

6.3.3 汉语动词复制句中复句关联标记的位置

动词复制句由"动—宾"和"动—补"两个动词短语构成，其中的动词是相同的。为了下文行文的方便，我们把动词复制句分为"V 得"动词复制句和非"V得"动词复制句，"V 得"动词复制句是指句式中的第二个动词短语是带"得"的动补结构，除此之外的动词复制句则为非"V 得"动词复制句。

同双主语句式一样，动词复制句中的复句关联标记位置也呈现出多样性和复杂性。例如：

（51）a. 虽然他写毛笔字写得很累，可是却很高兴。

　　　b. 他虽然写毛笔字写得很累，可是却很高兴。

　　　c. 他写毛笔字虽然写得很累，可是却很高兴。

　　　d. 他写毛笔字写得虽然很累，可是却很高兴。

（52）a. 尽管他卖报纸卖烦了，可是仍然没有停下来。

b. 他尽管卖报纸卖烦了，可是仍然没有停下来。

c. 他卖报纸尽管卖烦了，可是仍然没有停下来。

以上例句中的前一分句都是动词复制句，其中前一例是"V 得"动词复制句，关联标记"虽然"可以出现在句首位置；也可以出现在主语"他"之后，整个谓语"写毛笔字写得很累"之前；也可以出现在第一个动词短语"写毛笔字"之后，第二个动词短语"写得很累"之前；还可以出现在"得"字动补结构中"得"之后的位置。后一例是非"V 得"动词复制句，关联标记"尽管"可以出现在句首位置；也可以出现在主语"他"之后，整个谓语"卖报纸卖烦了"之前；还可以出现在第一个动词短语"卖报纸"之后，第二个动词短语"卖烦了"之前的位置。

6.3.4 汉语句子中心的特殊性与汉语两种特殊句式

6.3.4.1 汉语句子中心的特殊性与"谓头"位置

生成语法否定了把句子当作离心结构的做法，认为句子也是向心结构，它的中心就是那个功能性的"曲折范畴"形态变化 INFL（简写为 I），小句被分析为是以 I 为中心语的 IP。作为句子中心的曲折范畴 INFL 是从定式动词中离析出来的，是"时态"和"呼应态"的融合体。徐杰（2001：87-116、2006：51-61）认为汉语虽然没有形态词汇意义下的曲折范畴，但是汉语句子也有中心，它是一个没有外在语音形式的功能项"谓素"；而英语句子中心是"谓素"与"时态"、"呼应态"这两大语法因素的融合体。作为句子中心的 I 具有三大语法功能：给主语位置上的名词短语指派主格格位，对谓语位置上的语法单位进行类型筛选，对全句功能做出反应。汉语句子中心具有特殊性，即它只包含一个功能项"谓素"，所以它对谓语成分的唯一要求就是"述谓性"，只要有"述谓性"特征的语法单位就可以在汉语中充当谓语，包括动词、形容词、名词和句子；而英语中的句子中心要求谓语必须是动词或者动词性短语，以便和句子中心的"时态"特征结合在一起。

徐杰把句子中心所占据的语法位置定义为"谓头"位置（也称为 I 位置），在线性语序上，"谓头"位置大体就是谓语起头的那个位置。汉语中的"谓头"位置是一个没有外在语音形式的空位置，因此与句子功能范畴表达有关的成分可以通过"添加"语法手段进入这个位置。在我们看来，复句关联范畴也属于句子功能范畴，所以汉语中的关联标记可以添加在"谓头"位置上，这就不难解释为什么汉语复句中前一分句的连词可以出现在主语之前或之后的位置，主语之后的位置正是"谓头"位置。至于后一分句中的连词却只能出现在句首位置，而不能出现在"谓头"位置上，这是因为"联系项居中原则"[1] 在起作用。尽管如此，后一分句中的"谓头"位置并不总是空置的，起关联作用的副词可以添加在此位置上 [2]。例如：

（53）只要你努力，这事就能办成。[3]

这个例句中后一分句的"谓头"位置就是由关联副词"就"占据的。现代汉语中的"还"、"却"、"也"、"才"、"都"等关联副词，都是添加在主从复句中后一分句的"谓头"位置上的。

英语中的"谓头"位置，通常是被实实在在的、有外在语音形式的时态曲折词缀，或者助动词占据，因此复句关联标记不能添加在此位置。虽然在英语中的"谓头"位置上，不能通过"添加"语法手段完成与句子功能范畴相关的语法操作，但是，却可以通过"移位"语法手段来完成相关语法操作。英语中的虚拟范畴就是在"谓头"位置上通过"移位"语法手段实现的。例如：

（54）Should you have any questions, please feel free to contact me.

这个例句中虚拟范畴的表达，就是通过把"谓头"位置上的助动词 should 移位到句首位置实现的。

6.3.4.2 汉语句子中心的特殊性与双主语句式

在汉语中，由于句子中心的特殊性，具有"述谓性"特征的句子也可以充

---

[1]　Dik（1997）指出，介词和连词都属于"联系项"，倾向于位于所联系的两个成分之间，因此汉语复句中后一分句的连词只能位于句首位置。当由于表达的需要，从句倒置于主句之后时，连词也是只能位于句首位置，不能位于"谓头"位置。例如：她今天没来开会，因为她有事儿进城了（≠她因为有事儿进城了）（引自陆俭明 1983）。

[2]　后一分句的连词由于受联系项居中原则控制而只能位于分句句首，但是关联副词却不受这个原则控制，是因为关联副词要受到它本身的词类分布规律的制约。

[3]　通常情况下，后一分句的关联副词都是占据"谓头"位置。在例句"只要让着他们一点，也就可以相安无事了"以及"只要让着他们一点，一定就相安无事了"中，"就"占据的也是"谓头"位置。我们曾经谈道，助动词在线性结构上和"谓头"位置最靠近，关系最为密切。在前一个例句中，关联副词"就"位于助动词"可以"之前，恰好占据的是"谓头"位置；在后一个例句中，"一定"是语气副词，属于全句状语，在 IP 之下，VP 之上的位置，"就"占据的是"谓头"位置。

当谓语，于是 IP 句子结构可以相互包含，多层递归。双主语句式就是 IP 递归所带来的其中一个表面现象。一个 IP 句子结构包含一个 I 成分，也就会存在一个容纳 I 成分的"谓头"位置，IP 的多层递归会产生不同层次的 I 成分，也就会有多个"谓头"位置的存在。在"那部电影他没看过"中，"那部电影"为全句 IP₁ 的主语，"他"为 IP₂ 的主语，IP₁ 和 IP₂ 各有一个中心成分 I，整个分句也就相应地有两个"谓头"位置。因此，复句关联标记"因为"不仅可以出现在分句句首位置上，还可以出现在分句中的两个"谓头"位置上。如图 6-1：

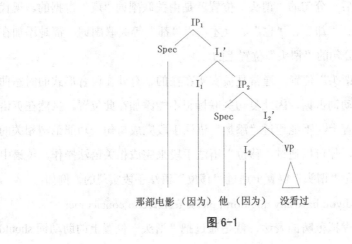

图 6-1

6.3.4.3 汉语句子中心的特殊性与动词复制句

（一）"得"字补语结构的性质

前面我们把动词复制句分为"得"字动词复制句和非"得"字动词复制句，我们发现与非"得"字动词复制句相比，"得"字动词复制句中的关联标记还可以出现在"得"之后的位置。

关于"得"字补语结构[1]，Huang（1982、1984）把"得"字动词复制句中的"得"字动补结构分析为主语是 PRO（也写为"Pro"）充当的小句，并且他把"得"字动词复制句中前一个动词短语分析为附加语。如图：

---

[1] 史金生（2003：17-31）认为它是一个具有独立表述性的小句；Sybesma & 沈阳（2006：40-46）把"得"引导的结果补语也处理为一个小句。

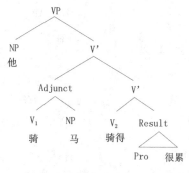

图 6-2

从图6-2中可以看到，在例句"他骑马骑得很累"中，前一个动词短语"骑马"被分析为附加语，嫁接在 V' 上，"得"引导的是一个表示结果的小句，这个小句的主语成分是受整个句子的主语"他"控制的 Pro。

Cheng（2005）所持观点和 Huang 的基本相似。

蒋鲤（2006）把"得"字动补结构的动词复制句分为二类：一类是补语指向主、宾语的致使性"得"字动补结构动词复制句，句中的补语通常是表示结果的；一类是补语指向动词的非致使性"得"字动补结构动词复制句，句中的补语通常是表示方式、程度、状态的。前者如"他写这个字写得很累"，"他织这件毛衣织得又松又大"等；后者如"他开车开得很快"，"他唱歌唱得好得不得了"等。蒋鲤这里所谈到的两类"得"字动补结构的动词复制句分别是多数语言学家所说的"描述性'得'字补语句"和"结果性'得'字补语句"[1]。

她是运用控制结构分析来解释"得"字动补结构动词复制句的句法生成的。

不管是补语指向主语，或是补语指向宾语的致使性"得"字动补结构复制句，"得"字动补结构都被分析为是以"得"为中心语投射而成的 DeP，其中"得"在 DeP 的中心语位置；而 DeP 的补足语是一个表示结果的短语 XP，这个结果补语 XP 的指示语 Spec 位置是一个基础生成的空代词 Pro，或者被主语控制，或者被宾语控制。如图 6-3。

---

[1] 曹逢甫（2004：335）谈道，"描述性'得'字补语句"和"结果性'得'字补语句"虽然在表层结构中两类都可以有动词词组的形式，但只有第二类可以有子句形式。

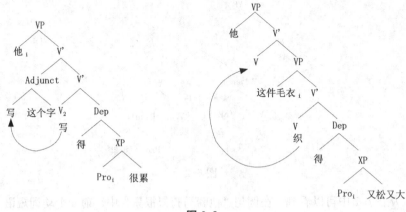

图 6-3

而在非致使性"得"字结构动词复制句中,"得"字动补结构也是以"得"为中心语投射而成的 DeP,"得"字补语在句法上仍处于补足语位置,然而它不再是一个短语了,它和"得"在句法上是一个组成成分。如图 6-4。

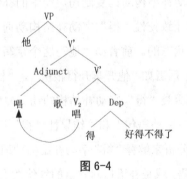

图 6-4

从蒋鲤的分析中可以看到,两类"得"字补语句的句法结构是有区别的。

在提出我们的分析之前,我们先来看看学界对于"得"字补语句中主要动词的争议。

针对"得"字补语句中主要动词的问题,基本上有"句末动词假设"(final—verb hypotheses)和"倒数第二个动词假设"(penultimate—verb hypotheses)两种;前者认为"得"之后的动词是句中的主要动词,而后者将倒数第二个动词,即在"得"之前的动词看作是句中的主要动词(曹逢甫 2004:335-354)。

提倡"句末动词假设"的语言学家(如 Tai, 1973, 1986;赵元任 1979;Chu,

1983; Huang & Mangione, 1985) 提出下列一些证据来为他们的这种分析进行辩护。

首先, 在"得"之后, 可以有停顿或停顿助词, 就像在主题之后那样。例如:

(55) 他跑得啊 / 么很慢。

不仅如此, "因为"和"虽然"等子句联接语, 以及焦点动词"是"也可以出现在"得"之后。例如:

(56) 他跑得虽然很慢, 可是步子却很大。

(57) 他跑得是很慢。

其次, "得"之后的动词可以重叠形成"V—不—V"问句。例如:

(58) 你走得快不快?

最后, "得"之后的动词前面可以插入最一般的否定标记"不"。例如:

(59) 那件事他做得不快。

"句末动词假设"遭到了提倡"倒数第二个动词假设"的学者们的质疑和批判。如果"句末动词假设"站不住脚的话, 那么我们怎么给以上的事实证据提供一个合理的解释呢。

我们认为, 不管是"描述性'得'字补语句", 还是"结果性'得'字补语句", "得"字引导的补语结构都应该看作是一个小句。在"结果性'得'字补语句"中, "得"引导的补语小句中的主语是和整个句子的主语或是宾语同指的; 而在"描述性'得'字补语句"中, "得"引导的补语小句中的主语是抽象的名词词组, 如"速度"、"样子"等, 这些抽象的名词词组在表层结构中通常是被删除的。例如:

(60) 他写字写得很累。

(61) 他写字写得很大。

(62) 他跑得很快。

例(60)和例(61)都是"结果性'得'字补语句", "得"引导的补语小句中的主语分别是句中的主语"他"和句中的宾语"字"; 而例(62)是"描述性'得'字补语句", "得"引导的补语小句中的主语是在表层结构被删除了的抽象名词词组"速度"。

下文我们将把"得"字引导的动补结构分析为是以"得"为中心语的标句

词短语 CP [1]，"得"的补足语是一个小句 IP。其中，小句主语要么是受大句子中主语或者宾语控制的 Pro，句中的补语是表示结果的；要么是在表层结构中没有语音形式的抽象名词词组，句中的补语通常是表示方式、程度、状态等的。如图 6-5 所示。

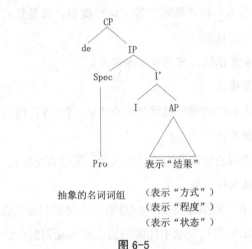

图 6-5

当我们把"得"字引导的动补结构分析为一个小句时，"得"后动词前的位置就是"谓头"位置。停顿或停顿助词[2]，如"啊/么"等；子句联接语，如"因为"、"虽然"等；焦点动词"是"[3]和否定标记"不"都可以出现在此位置上，并且占据此位置的动词可以进行重叠，构成"V—不—V"格式表示疑问。

（二）动词复制句的句法分析

"倒数第二个动词假设"（如梅广，1978；Paris, 1979；朱德熙，1982；Huang, 1982, 1988；C. Ross, 1984；A. Li, 1985）的众多追随者也提出了以下许多证据来支持这一假设。

首先，"得"字补语句中倒数第二个动词之前也可以有停顿或停顿助词。例如：

（63）他跑步呀跑得很快。

不仅如此，"因为"和"虽然"等子句联接语，以及焦点动词"是"也可以在此位置上出现。例如：

---

[1] 黄月圆（1996）就是把"得"字引导的动补结构分析为是以"得"为中心语的标句词短语 CP 的。

[2] 这里的停顿助词就是本书中所说的话题标记词。

[3] 这里的焦点动词"是"在本书的分析中被看作强调标记。

（64）他跑步虽然跑得很快，步子却不够大。

（65）他跑步是跑得很快。

如果"倒数第二个动词假设"也并非无懈可击的话，那么又怎么给以上的事实证据提供一个合理的说明呢。

在我们看来，不管是以上的"得"字动词复制句还是非"得"字动词复制句，句中的前一个动词短语都应该统一分析为主语。动词复制句本质上还是一种双主语句式，只不过句中的小主语不是由名词短语充当，而是由动词短语充当的。在汉语中，不仅名词性成分可以充当主语成分，动词和形容词性成分也能充当主语成分（详见朱德熙 1982：101-102）。因此，形式为"NP$_1$+V+NP$_2$+V+XP"的动词复制句在句法上的分析见图 6-6。

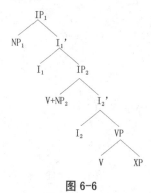

图 6-6

当我们把动词复制句中的前一个动词短语分析为句中的小主语时，这个时候，动词复制句中前一个动词短语之后的位置也是句子中的"谓头"位置了，只不过是句中第二个小句，即 IP$_2$ 的"谓头"位置。因此，停顿或停顿助词、子句联接语，以及焦点动词"是"能出现在这个位置上就不难解释了。

由此可见，"句末动词假设"和"倒数第二个动词假设"都有其合理之处，但也都并非无懈可击，而我们的分析在避免两种假设局限性的基础上，对支持两种假设的事实依据提供了一个统一的，并且合理的说明和解释。

不仅如此，我们的分析还能将下列语言事实一并纳入此分析框架下。例如：

（66）他跑步跑得（呀）很慢。

（67）他跑步（呀）跑得很慢。

（68）他（呀）跑步跑得很慢。（曹逢甫 2004：350）

在例（66）中，停顿助词"呀"出现在"得"之后的位置，也就是论证"句末动词假设"的一个事实证据；例（67）中，停顿助词"呀"出现在第一个动词短语"跑步"之后的位置，也就是论证"倒数第二个动词假设"的一个事实证据。

然而，在例（68）中，停顿助词"呀"还能出现在句中第一个名词短语"他"的后面。

通过以上我们的分析可知，"得"字动词复制句中包含有三个小句，分别是 IP_1、IP_2 和 IP_3，因此有三个"谓头"位置，它们分别是 I_1、I_2 和 I_3。如图 6-7 所示。

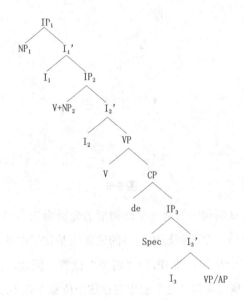

图 6-7

结合上面的树形图可以看到，例（68）中停顿助词"呀"之所以能出现在句中第一个名词短语"他"的后面，是因为第一个名词短语"他"后面的位置也是句中的"谓头"位置，具体来说，是句中的第一个"谓头"位置，即"I_1"位置。

例（67）中停顿助词"呀"出现在第一个动词短语"跑步"之后的位置，实则是句中的第二个"谓头"位置，即"I_2"位置；例（66）中停顿助词"呀"

出现在"得"之后的位置，实则是句中的第三个"谓头"位置，即"I₃"位置。

由此可见，上述例句中的停顿助词"呀"分别是添加在这三个"谓头"位置上的。

（三）动词复制句中复句关联标记的位置

运用以上我们的分析框架再来看例句"他写毛笔字写得很累"，可以发现，"他"是全句IP₁的主语，而句中的前一个动词短语"写毛笔字"是IP₂的主语。IP₁和IP₂各有一个中心成分I，"得"引导的小句IP₃也有一个中心成分I，整个分句也就相应地有三个"谓头"位置。关联标记"虽然"不仅可以出现在句首位置上，还可以出现在这三个"谓头"位置上。如图6-8。

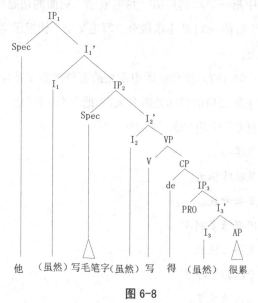

图 6-8

李讷 & 石毓智（1997：32-38）提到在宋代语料中发现有一种动词复制结构的紧缩复句。例如：

（69）或言东城虽说佛家语亦说得好。（《朱子语类·训门人》）

在这个例句中，"东城说佛家语说得好"就是一个动词复制句，其中"东城"是全句IP₁的主语，而动词短语"说佛家语"是IP₂的主语，句中的两个关联标记"虽"和"亦"分别位于IP₁和IP₂的两个"谓头"位置上。

王玲玲 & 何元建（2002）认为动词复制句中第一个动词短语应该看作次话

题，因为第一个动词短语的后面可以添加话题标记"啊"。例如：

（70）他写毛笔字啊，写得很累。

徐烈炯 & 刘丹青（2007）持相同的观点，他们把动词复制句看作拷贝话题结构，把动词拷贝结构中的前一个动词短语看作是次话题。因为在上海话等方言中前一个动词短语后经常出现话题标记即提顿词。例如：

（71）伊讲闲话末，讲勿来。

（72）伊做事体末，总归做得一塌糊涂。

前面我们谈道，话题是主语成分的一个功能特征，这个功能特征在某些语言中有可能诱发"添加话题标记"和"移动带话题特征 [+T] 的语法单位"一类的语法运算。例句中第一个动词短语"写毛笔字"后面的话题标记"啊"的添加正是带有"话题"特征 [+T] 的主语成分"写毛笔字"诱发了"添加话题标记"这类语法运算的结果。

曹逢甫（2004：96-187）谈到汉语中常见的五种次要主题分别是：双项 NP 中表从属的 NP，在主题之后的时间处所名词，"把"字句中"把"的宾语，"SOV"中的 O，"SVOV 得 C"中的 VO。[1] 例如：

（73）他太太很漂亮。

（74）这个女孩眼睛很大。

（75）他昨天没来看我。

（76）他在美国有很多朋友。

（77）风浪今天海上很大。

（78）他把房子打扫干净了。

（79）学生们功课做完了。

（80）他打排球打得很好。

曹逢甫（2004：127）认为双名词结构中的第二个名词性成分，以及动词前不在句首的时间和处所词，都是次要主题。由于没有迹象表明这些次要主题是从别处移位过去的，所以被称为"在地"次要主题。上面例句中的例（73）和例（74）都是双名词结构，其中第二个名词性成分"太太"和"眼睛"都是次要主题；例（75）中不在句首的时间词"昨天"充当的是次要主题，（76）中

---

[1] 曹逢甫先生（2004）谈到的主题和次要主题都是前面我们说的话题。

不在句首的处所词"在美国"充当的是次要主题，例（77）中不在句首的时间词"今天"和处所词"海上"充当的都是次要主题。

而"把"字句中"把"的宾语，宾语前置句"SOV"中的宾语 O，动词复制句"SVOV 得 C"中的 VO 也能够出现在相同的句法槽中，但是这些成分至少从语义上看都与动词后的某个成分有关，因此被称为"非在地次要主题"。例（78）中"把"的宾语"房子"、例（79）中的前置宾语"功课"，以及例（80）中前一个动词短语"打排球"都是非在地次要主题。

曹逢甫先生谈到的这五种次要主题在我们的分析框架下似乎都应该被分析为小主语，它们都是带有话题特征 [+T] 的主语成分，因此能够诱发"添加话题标记"的语法运算。含有这五种次主题的句子应该被分析为双主语句式。

但是，值得注意的是，在本章的分析框架中，不管是大主语，还是小主语，都必须是无标记的名词短语，即不带介词的名词短语。因此，在曹先生所说的汉语常见的五种次要主题中，动词前不在句首的带有介词的时间词和处所词应该排除在外，如例（76）；"把"字句中"把"的宾语也要排除在外，如例（78）。

6.4 小结

通过调查汉语及其他语言复句中关联标记的位置情况，我们发现，汉语中的复句关联标记位置灵活多样，可以出现在分句的句首位置、句尾位置和"谓头"位置上。后置词（如景颇语）语言中的复句关联标记位置只能出现在分句句尾位置上，而前置词（如英语）语言中的复句关联标记位置也比较单一，只能出现在分句句首位置上。研究表明，汉语复句关联标记在三个位置上的分布是由于不同的句法原因造成的表面现象，而且也不是所有的复句关联标记都能出现在这三个位置上。

汉语是前置词和后置词并存的语言。由于连词和介词具有高度一致的语序和谐性，很多后置连词都是由后置词语法化而来的；因此在汉语中，既有只能出现在小句句首位置的前置连词，也有只能出现在小句句尾位置的后置连词。

景颇语是典型的后置词语言，所以景颇语中只存在后置连词，而没有前置连词，所有的复句关联标记都只能出现在小句句尾位置上；而英语是典型的前置词语言，所以英语中只存在前置连词，而没有后置连词，所有的复句关联标记都只能出现在小句句首位置上。

由于汉语句子中心的特殊性,功能项"谓素"占据的"谓头"位置是一个没有外在语音形式的空位置,与句子功能范畴表达有关的成分可以通过"添加"语法手段进入这个位置。复句关联范畴也属于句子功能范畴,所以汉语中的复句关联标记可以添加在"谓头"位置上。也正由于汉语句子中心的特殊性,句子结构可以相互包含,多层递归。句子结构的多层递归会产生不同层次的句子中心成分,也就会产生不同层次的"谓头"位置。双主语句式和动词复制句是汉语中的两种特殊句式,两种句式中复句关联标记的位置呈现出复杂性和多样性,这正是关联标记出现在句中不同层次"谓头"位置的结果。

汉语中这些所谓的特殊句式,其实都是汉语句子中心的特殊性带来的衍生现象,它们都不是具有独立存在语法地位的原生句法结构,而是一些超语言的普遍语法原则在具体语言中的实例化结果,汉英语言间的差异只表现为有限的参数差异(即句子中心参数差异)。

第 7 章 "谓头"位置与时体范畴

7.1 前人关于汉语"时"和"体"的研究

7.1.1 "时"（tense）和"体"（aspect）的概念

"时"又称为"时制"（陈平 1988、龚千炎 1995、孙英杰 2007）。"体"又称为"动相"（吕叔湘 1942）、"态"（高名凯 1948）、"动态"（赵元任 1979、张志公 1982）、"情貌"（王力 1985）、"时态"（陈平 1988、龚千炎 1995、顾阳 2007）、"动貌"（黄美金 1988、杨素英 2000）、"动态范畴"（胡明扬 1996）、"体貌"（郑定欧 1996）、"时体"（戴耀晶 1997）。

Comrie（1976：1-3）把"时"定义为指示情状发生的时间，表现为该时间和说话时间或另一参照时间在时轴上的相对位置；而"体"则表示观察一个情景的内部时间构成的不同方式。在 Comrie 这一定义的基础上，戴耀晶（1997：5）把"体"的定义略作修改为："体"是观察时间进程中的事件构成的方式。

龚千炎（1995：4）认为"时"就是指示事件发生的时间，表现为该时间同说话时间或另一参照时间在时轴上的相对位置；而"体"则是表现事件处于某一阶段的特定状态，是深入过程内部观察其各个发展阶段的情况的结果。

顾阳（1999：192）谈到"时"（或称"时制"）（tense）主要与事件发生时的时间有关，它将整个事件置于时间框架内，根据说话者说话的时间来定点，分为现在、过去、将来。"体"（aspect）则与所涉及的某一部分事件有关，即

"体"所表达的是某一事件内部的时间结构；而这种结构是由不同的成分组成的，如事件的起点、中间过程、结尾点。它反映了说话者能够采用不同的角度来看待某一事件[1]。

范晓、张豫峰等（2003：314）认为"时"是立足于不同的时间来比较确立某个动作与另外参照时间的相对关系，而"体"是着眼于动作内部表达时间阶段性特征。它们的共性在于：都是从多个角度以不同方式表现动作或事件的时间特征，都以动词为核心来构筑时体框架，都是各种语言当中普遍存在的十分重要的语法范畴。它们的差异在于："时"是从事件外部参照时间方面入手，侧重于动作发生的客观时间序列对比；而"体"是从动作内部的时间阶段性特征方面入手，关注动作的结构方式。

顾阳（2007：22-38）进一步讨论了"时"和"体"的联系和区别。她认为二者都是通过句法机制使说话者将动词及其论元，即动词的论元结构所表述的某个事件或状态置于时间和空间之中，使其陈述的命题赋予真值。"时"是情状的时间（temporal）表现状态，"体"是情状的空间（spatial）表现状态。

7.1.2 关于汉语中有无"时"范畴的争论

7.1.2.1 汉语中有"体"无"时"

持汉语中有"体"无"时"观点的学者以吕叔湘（1942）、高名凯（1948）、王力（1954）、朱德熙（1982）、石毓智（1992）、戴耀晶（1997）、尚新（2004）等为代表。他们把"时"局限为仅仅是通过狭义的形态变化来表达的语法范畴，汉语没有表达"时"的狭义形态变化，自然也就没有"时"范畴。因此，他们都认为"着"、"了"、"过"等只表示"体"的意义，不表示"时"的意义，时间概念在汉语中是通过词汇手段来表达的。

高名凯（1948）认为汉语没有"时"范畴，"着、了"等都是表示"体"的语法范畴，与"时"无关。木村英树（1982）[2]也认为现代汉语没有表示"时"的语法形式。王力（1985）认为汉语着重事情所经过时间的长短，及是否开始或完成，不甚追究其在何时发生，因此汉语有"体"而无"时"。Huang（1982），

---

[1] Smith（1991，1995）将这种体称为视点体（viewpoint aspect）。

[2] 转引自林璋：《"了₁"：从完整体标记到时标记》，载竟成主编：《汉语时体系统国际研讨会论文集》，百家出版社 2004 年版，第 86—101 页。

Ernst（1994）和 Huang（1994）等学者也主张汉语中不存在时态。尚新（2004：10-18）论证了汉语是"体"突显的语言，不存在系统的"时"语法范畴。何元建（2007：75）也认为汉语中没有时态，只有体貌范畴。

7.1.2.2 汉语中有"体"有"时"

持汉语中有"体"有"时"观点的学者以王松茂（1981）、陈平（1988）、李临定（1990）、Chiu（1993）、张济卿（1996）、顾阳（1999）、方霁（2000）、Miao-Ling Hsieh（2001）、李梅（2003、2007）等为代表。他们认为现代汉语中的"体"范畴是通过"着"、"了"、"过"等助词表达的，而"时"范畴则可以通过词汇手段以广义的形态格式固定下来作为语法范畴进行研究，现代汉语中的"时"范畴主要是通过时间名词或时间副词等来表达的。

王松茂（1981：65-76）认为汉语中有五类"时"范畴，即过去时，近过去时，现在时，近将来时，将来时，他们分别是通过时间副词"已经、曾经、早已"，"刚刚、才"，"正、在、正在"，"就、快、马上、立即"，"将、将要"来表现的。

陈平（1988：401-422）论述了将"时"与"体"分开处理的必要性和可能性，批评了以往将二者混为一谈的倾向。

李临定（1990）认为汉语中的"时"范畴是通过不同的分析形式和动词的零形式来体现的，前者是通过附加和时间相关的助词、副词等来显示时间关系，他认为汉语既存在着"绝对三时系统"，又存在着"相对三时系统"，据此分出十一种类型，然后分别加以详细的描写分析。

由此可见，现代汉语中的"时"范畴主要是通过时间名词或时间副词等来表达的，但是也有很多学者认为现代汉语中也有专门用于表示"时"范畴的语法标记，只不过他们在究竟哪些语法标记可以标记现代汉语中的"时"范畴问题上持有不同的意见。

Chiu（1993）建议将一般普遍认为是体标记的"了"当作过去时态标记。

张济卿（1996：26-31）认为，现代汉语的时制结构是以将来时和非将来时为基础的，因为现代汉语中唯有将来时没有无标句，它通过语法标记"将/会/要"来确立将来时，而过去时和现在时的无标句是通过跟将来时的对立关系来确立自己的时制的。

李梅（2003、2007）根据原则与参数理论的分裂曲折映射假说（Split

Inflection Hypothesis）[1]，主张在现代汉语中建立"时态"功能语类和"体"功能语类。她认为现代汉语中显性的时态标记是标志将来时的成分"将"[2]。

7.1.2.3 汉语中"时"、"体"交叉论

汉语"时"、"体"交叉论认为汉语的"时"和"体"综合在一个虚词之上，即体标记同时是时标记，"着"、"了"、"过"等体标记同时也是时标记。持此种观点的学者有龙果夫（1952）、张秀（1957）、雅洪托夫（1957）、左思民（1997、1998、1999）、金立鑫（1998）、李铁根（1999、2000、2002）、陈立民（2002）、林若望（2002）等。

雅洪托夫（1957）提出汉语的时间范畴不是纯粹意义上的，而是附加了体意义的，汉语动词的时，是混合的体—时范畴。

李铁根（2002：1-13）认为汉语中表达"时"意义的语法成分往往附带有表"体"或表语气的意义，很多都不是单一的表时标记。"了"、"着"、"过"都是既能表"态"又能表"时"的语法成分。作为绝对时标记，它们都表"已然"，不表"未然"；作为相对时标记，"着"表同时，"了"、"过"表异时。

陈立民（2002：14-31）认为汉语中的"了"、"着"、"过"、"在"、"将"等语言形式属于时态范畴，既表体的意义，又表时的意义。

在上面的三派观点中，不管是"有体无时说"，还是"有体有时说"，或是"时体交叉说"，其根本的分歧就在于它们在认识"时"范畴时，到底是把"时"局限在通过形态曲折变化来表达这个狭义的范围来看待的，还是把词汇手段以广义的形态格式固定下来作为语法范畴的表达手段这个宏观的范围来看待的。

在曲折形态变化丰富的印欧语中，"时"和"体"都是通过明确的语法标记来表达的。如在英语中，"过去时"用曲折词缀 -ed，"将来时"用助动词 will，"现在时"用零形式，"完成体"和"进行体"主要是通过分词的形式来表现的。"时"范畴和"体"范畴在英语中都是一种语法范畴。

---

[1] 根据现已被普遍接受的分裂曲折映射之假说，过去一直被当作曲折中心语 I 的一部分的功能语类"时态"和"体"都可以从中分裂出来，并引导自己的映射（李梅 2003）。

[2] 何元建（1995：36-44）也是把"将"当作时态助词来看待的。Miao-Ling Hsieh（2001）则认为现在汉语中标志将来时的显性时态标记是"会"；白解红 & 石毓智（2008：73-78）认为现代汉语最常见的将来时标记是"要"；张万禾 & 石毓智（2008：27-34）谈到现代汉语中的将来时标记除了"要"之外，还有"就"、"回头"、"快"和"将来"。

　　现代汉语是缺乏印欧语等语言那样狭义形态的语言。在汉语中，"体"语法范畴是由虚化的特定的语法标记来表示的；而"时"语法范畴是用词汇形式表达的，如用某些时间名词（如"过去"、"现在"、"将来"、"以前"、"今后"、"昨天"、"明天"等）或者时间副词（如"已经"、"正在"、"将"、"会"、"要"等），而不是用明确的语法标记对"过去时"、"现在时"或"将来时"进行编码的，因此汉语中"时"语法范畴是词汇范畴而非语法范畴。由此可见，现代汉语中只有"体"的语法范畴而无"时"的语法范畴，现代汉语的时间系统是一个"词汇·语法范畴"，而印欧语的时间系统是一个语法范畴（龚千炎 1995：5）。

　　一种语言里只有具备了表达"时"意义和表达"体"意义的形态，才可以说该语言具备了"时"范畴和"体"范畴。范畴是通过形态形式而不仅仅是通过词语形式来表达的。正是在这个意义上，我们认为现代汉语没有"时"范畴，但是有"体"范畴（参看戴耀晶 1997：3-7）。在现代汉语中，"体"语法范畴包含着某种抽象的语法意义而不是词汇那种具体的语义，这种抽象的语法意义是由数量有限的语法形式来表达的，而不是词汇里数目众多的形式。

　　由此可见，现代汉语里有"体"范畴而无"时"范畴，这主要指的是汉语缺乏表示"时"意义的语法形态，并不是说汉语句子里缺乏时间这个概念。我们不能因为汉语动词没有表达"时"语法范畴的形态变化就认为汉语没有"时"语法范畴，更不能说汉语不能表达时间概念，不表达时间概念的语言是不存在的。

7.1.3 生成语法背景下的体标记句法结构分析

7.1.3.1 体标记源于体貌短语 AspP 之中心词位置

Huang et al.（2007：41-8）提到现代汉语中的体标记主要有五个，分为两类：一类是出现在动词之前的自由语素，有完成体标记"有"和非完成体标记"在"；一类为黏着的词缀形式，有完成体标记"了"和"过"[1]，以及非完成体标记"着"。

　　在管辖与约束理论中期，生成语法理论假设体标记生成于动词短语之上的体貌短语的中心词 Aspect 的位置。这样的假设可以很好地解释位于动词短语之前的体标记"有"和"在"的句法行为，却难以对三个位于动词之后的体后缀"着"、

---

　　[1]　体标记的"过"不同于动词的"过"和构词语素的"过"。动词的"过"表示"度过"，而"经过"、"穿过"等复合词中的"过"都是标记方向的构词语素，不是标记体范畴的。

"了"、"过"的句法行为做出解释。为了在此理论假设的基础上进一步圆满地解释三个体后缀"着"、"了"、"过"在句中的分布，人们提出了两种移位的方法，一种是假设动词向位于 Aspect 节点下的体标记爬升的"动词提升说"；另一种是假设位于 Aspect 节点下的体标记朝动词下降，随后在逻辑式（LF）层面又移回到 Aspect 节点下的"词缀下降说"。

（一）"动词提升说"

"动词提升说"假设在结构上处于较低位置的动词向上移动到较高的 Aspect 节点处，和源于 Aspect 节点处的"着、了、过"结合在一起，就形成了表面的"动词＋体标记（着、了、过）"语序，动词提升后留在中心词 V 下的痕迹因位于已移走动词的成分统治辖域内而得到了应有的先行语管辖，因此在理论上是站得住的（见图 7-1）。

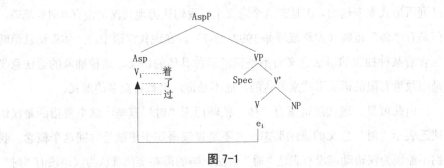

图 7-1

然而，动词提升说不能解释下列现象。

（1）a. 他在大声唱歌。

　　　b.* 他大声在唱歌。

（2）a. 我没有悄悄地回家。

　　　b.* 我悄悄地没有回家。

（3）a. 他大声唱着歌。

　　　b.* 他唱着大声歌。

（4）a. 我悄悄地回了家。

　　　b.* 我回了悄悄地家。

（5）a. 那个家伙赤手空拳杀过老虎。

　　　b.* 那个家伙杀过赤手空拳老虎。（引自 Huang et al. 2007：44-45）

　　从例句（1）和（2）中，我们可以看到，修饰语"大声"和"悄悄地"出现在动词之前，体标记"在"和"有"后，由此可见，这些修饰语是嫁接到 V'上的附加语成分。

　　从例句（3）、（4）和（5）中，我们可以看到，根据动词前的附加语成分是嫁接到 V'上的观点，动词提升会造成"动词＋体标记（着、了、过）＋附加语"的不合法语序（如图 7-2）。

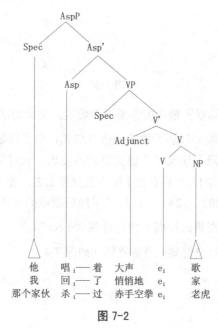

图 7-2

（二）"词缀下降说"

　　Pollock（1989：365-424）和 Chomsky（1991：417-454）为了解决上述动词前的附加语问题，提出了"I—至—V"的词缀下降分析法。有人建议在汉语的表层结构上将处于中心词 Aspect 节点下的体标记下降并嫁接到动词的右边。"词缀下降说"能够很好地解释体后缀位于动词之后的现象，也能为动词前附加语在句法上的分布提供一个合理的解释。但是词缀下降说违反了移位只向上而不向下的理论假设，即它在理论上违反了空语类原则，下降后留在中心词 Aspect 处的痕迹由于缺乏成分统治得不到有效管辖（参见李梅、赵卫东 2008：9-16）。如图 7-3。

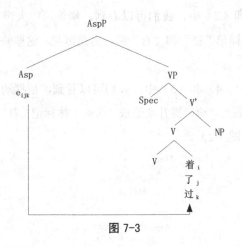

图 7-3

在管辖与约束理论以及最简方案雏形期阶段,生成语法理论认为 S- 结构并非句法过程的最终阶段,只要不影响到语音形式,出了问题可以在逻辑形式中进一步解决。词缀下降说违反了空语类原则的要求,大可以在逻辑形式移动过程中将 I 与 V 的复合体 I—V 再移回 I 原来的位置上去,使之符合空语类原则的要求(参见石定栩 2002:324)。体标记下降后形成的曲折动词复合形式"V+(着、了、过)"在逻辑式层面上再提升到 Aspect 节点下,构成一个有效链以使下降过程中留下的痕迹得到应有的管辖(如图 7-4)。

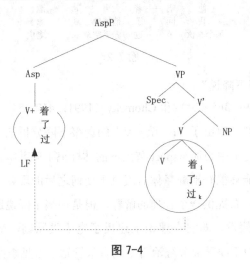

图 7-4

7.1.3.2 体标记粘附于轻量动词位置

邓思颖(2003:50)认为汉语的体标记有"着"、"了"、"过",它们都是属于词缀特征，黏附在衍生于轻量动词的空动词上[1]，这是因为体标记就是为了检视轻量动词所表示的事件，突显部分或者整个事件的过程（Smith 1997）。因此，在深层结构中所形成的词序是"体标记（着、了、过）+动词 V+名词短语 NP"，这种词序在表层结构中是不存在的。他假设空动词那里拥有一个引导动词移位的词缀特征，这个词缀特征把动词从原来的位置吸引到轻量动词的位置，和体标记结合在一起，形成了"动词+体标记（着、了、过）"的表面语序。

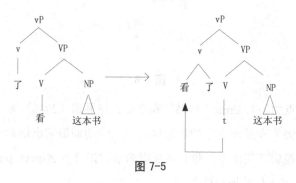

图 7-5

7.1.3.3 体标记黏附在动词之后

顾阳（Gu 1995：49-83）认为在词库里体标记早已经跟动词结合在一起，"动词+体标记"的成分跟移位无关[2]。"动词+体标记"的结合体一起通过显性移位至轻量动词 v 处，这样我们听得到的表层结构中"动词+体标记"的结合体是位于附加语成分之后的，形成的语序是合法的。为了得到句法结构和语义解释合一的结构，"动词+体标记"的结合体通过隐性移位（即逻辑形式的移位）到达 Aspect 节点处（参见 Huang et al. 2007：41-49）。

---

[1] Tzong-Hong Lin（2001）也持类似的观点。

[2] 程工（1999a：240）也假定体标记词与动词在词库中就结合在一起了，只不过是在计算系统中受到核查。为什么表示体貌的语素要在词库里跟动词连在一起，这是因为理论上汉语的基本体貌特征（aspect features）比较弱，体貌语素不能直接投射成 XP，所以附加在动词上，参看何元建（1995：39）。

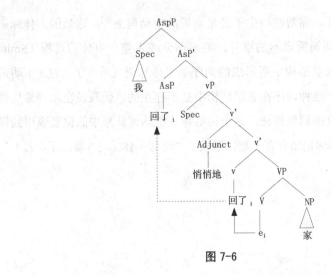

图 7-6

持类似观点的还有 Ernst（1995）和李梅、赵卫东（2008）等。

Ernst（1995）在最简方案的理论框架下主张动词最初出现时便已带有丰满的体后缀，在逻辑式层面上，带有体后缀的动词提升到 Aspect 节点下，体后缀接受 Aspect 节点下体特征的核查。

李梅、赵卫东（2008：13-15）在上述观点基础上，在最简方案的理论框架下运用核查理论对此做出了更为详尽的论述。她把体标记分开处理，其中"在"源生于 Aspect 中心词位置，而其他三个体后缀"着"、"了"、"过"则源生于动词身上，它们在逻辑式层面上被吸引到较高的成分统治节点 Aspect 下以接受核查。但是她与 Ernst 处理方法的不同之处在于，她认为向上移位至 Aspect 节点下进行核查的不是带有体后缀的动词，而仅仅是体后缀。这一属性核查过程也保证了 Aspect 节点中所含的体的语义内容与形式上的形态标记相吻合。

综上所述，学者们把体后缀"着"、"了"、"过"附着于动词后面的现象或者归因于"显性移位"，即动词向位于 Aspect 节点下的体标记爬升以及体标记向动词的下落嫁接；或者归因于"隐性移位"，即体标记在逻辑形式层面上移到 Aspect 节点处进行核查。

7.1.4 各种句法结构分析存在的问题

体标记源于 AspP 之中心词位置的分析方法肯定了体标记有自己的独立投射，这样的做法符合生成语法理论倡导的功能性成分都可以作为核心形成自己的最大投射的主张。

　　然而，"动词提升说"最大的缺陷就在于它不能合理地解释动词前附加语的分布问题，动词提升后造成了动词前附加语位于动词后（如"他唱着大声歌"）的不合法句子。

　　"词缀下降说"虽然能形成合法的结构，但是必须让同一个成分移出去之后又在 LF 层面移回原来的位置，造成了很大的浪费，违反了经济原则的要求，经济原则要求尽量花费最小的代价完成移动（参见石定栩 2002：324）。

　　邓思颖（2003）认为体标记是黏附于轻量动词位置上的，这样的处理方法首先否定了体标记有自己的独立投射，其次不能给体标记"有"、"在"提供一个合理的语法位置。

　　顾阳（1995）、Ernst（1995）以及李梅、赵卫东（2008）都主张体标记黏附在动词之后的位置，而后在逻辑式层面体标记或是带有体标记的动词移位到 Aspect 节点处。他们的处理方法一方面能够准确预测到含有体后缀和动词前附加语的正确句子，解决了提升移动所不能解决的动词前附加语的问题，另一方面，它遵守了空语类原则，避免了由词缀下降而引起的违反空语类原则现象。然而这种分析方法的缺陷就在于没有考虑到体标记的共现和叠用情况。如果假设所有的体标记都是源生在 Aspect 节点下的或是通过逻辑式层面的移位到达 Aspect 节点下的，带来的后果之一就是一个位置上要容纳多个表示体特征的成分，这是不允许的。

7.2 "谓头"位置和时体范畴的表达

7.2.1 表达时体范畴的语言手段

7.2.1.1 语音手段和时体范畴

汉语的很多方言可以通过语音手段来表达时体范畴。

在陕西商县话中，动词的完成体可以用变调、变韵的方法来表达。例如：

　　（6）他吃 [tʂ ʻəː $_{3231}^{21}$] 饭啦，你吃 [tʂ ʻəː $_{3231}^{21}$] 饭啦没有？（引自黄伯荣1996：175）

　　"吃"本读 [tʂ ʻɿ]，现在变成 [tʂ ʻəː]，韵母由舌尖后元音 ɿ 变成舌面央元

音 ə，而且元音变长，声调也由原来的 21 变成 3231。

在粤方言中，动词的完成体也是通过动词本身变调的方式来表示的，即把动词的声调变为高升调。例如：

（7）我食啦。

[ŋɔ¹³sɪ k²² la²²] 我吃了。（sɪ k²² 不表示动作完成）

[ŋɔ¹³sɪ k³⁵ la²²] 我吃过了。（sɪ k³⁵ 表示动作已完成）

（8）佢来啦。

[k 'œy¹³ lai²¹ la³³] 他来了。（lai²¹ 不表示动作完成）

[k 'œy¹³ lai³⁵ la³³] 他已经来了。（lai³⁵ 表示动作已完成）（引自黄伯荣 1996：176）

在广东信宜话中，动词变音可以表示短时体。例如：

（9）食饭 [sek²²fan¹¹]（吃饭）/ [seŋ ↗ fan¹¹]（吃点饭）

（10）倾大胜 [k 'eŋ⁵³tai¹¹seŋ³³]（聊天）/[k 'eŋ ↗ tai¹¹seŋ³³]（聊聊天）

（11）来己坐 [lɔi²³kei³⁵tʂ 'œ²³]（来这儿坐）/[lɔi²³kei³⁵tʂ 'œn ↗]（来这儿坐坐）（引自黄伯荣 1996：193）

阿拉斯加南岸印地安人所说的特林吉特语，许多动词都用不同的音高表示不同的时（tense），例如低调指过去时，高调指将来时（Edward, Sapir 2001：47-66）。

7.2.1.2 词汇手段和时体范畴

任何语言中都可以使用词汇手段来表达时意义和体意义，如"时间名词"、"时间副词"、"动作动词"等，它们承载的时意义和体意义是内在的，是隐含在词义中的一部分，进入句子就会显现出来。

汉语中表达时意义和体意义的时间名词有"现在"、"昨天"、"明天"等，时间副词[1]有"曾经"、"已经"、"刚刚"、"事先"、"同时"、"将要"、"赶紧"、"赶快"等。

英语中表达时体意义的时间名词有"tomorrow"、"today"、"yesterday"等，时间副词有"ago"、"before"、"just"、"already"等。

---

[1] 时间副词的分类具体可参见马庆株、王红斌：《先时、同时、后时时间副词与动词的类》，载竟成主编：《汉语时体系统国际研讨会论文集》，百家出版社 2004 年版，第 154—171 页。

Z. Vendler（1967）根据动词本身所承载的时体意义将动词分为四类，有"活动（activity）"、"完结（accomplishment）"、"达成（achievement）"、"静态（state）"[1]。之后，众多学者都在此基础上进一步完善和改进动词的分类。依据此标准对汉语动词进行分类尝试的学者有邢公畹（1979）、马庆株（1981）、戴浩一（Tai 1984）、邓守信（1985）、陈平（1988）、龚千炎（1995）、戴耀晶（1997）、杨素英（2000）等。

7.2.2 通过语法手段在 "谓头" 位置实现体范畴的表达

"体"属于句法而不属于词法，体形式（尤其是体形态）虽然主要是附着在动词语上面，但它在意义上却是附着于整个句子的，而不仅仅属于所附的那个动词语。体意义的承载单位是句子，动词只有在句子中才能体现出体意义，句子中的每个要素都可以对体意义发生影响。"体"是观察时间进程中的事件构成的方式，而"事件"是由句子表述的，因此考察体意义必须结合句子（参看戴耀晶1997：30）。因此，"体"范畴是一种与整个句子相关的句子功能范畴。

7.2.2.1 "谓头" 添加

（一）现代汉语中两类性质不同的体标记

根据我们的观点，现代汉语普通话中除了"有、在、着、了、过"这五个体标记外，"正"也是体标记。"着"、"了"和"过"[2]是现代汉语中公认的三个体标记。石毓智（2006b：14-24）谈到现代汉语中的进行体标记除了动词后缀"着"外，还有两个重要的标记是"正"和"在"。

根据观察方式的不同，可以把体貌分为两大类："完成体"（perfective）和"非完成体"（imperfective）。"完成体"是指从外部对事件进行观察，将其表现为一个完整的不可以分解的事件；"非完成体"是指从内部对事件进行观察，将动作均质分解，并截取动作过程当中的某个局部截面，关注事件的持续性、

---

[1] 这四类动词构成的体分别为状态体、活动体、完成体和成就体。这种与动词的词义直接相关的体被称为"Aktionsart"，也被称作词义体（lexical aspect）或场景体（situation aspect）（Smith 1991）。

[2] 汉语"着"、"了"、"过"的虚化程度很高，原来的词汇意义已经脱落，是功能性范畴。龚千炎（1995：54-55）把趋向动词"起来"和"下去"当作准时态助词，因为它们虚化得不够彻底，仍有表示趋向的实在词汇意义及用法。有鉴于此，在本书的论述中，我们就不把"起来"和"下去"当作体标记来处理。

继续性等特征（参见范晓、张豫峰等 2003：311）。

在这六个体标记中，其中"了"、"过"、"有"属于完成体标记，而"着"、"正"、"在"属于非完成体标记。

"了"是现实体标记，表达的是一个现实的动态完整事件，它的三项主要的语义内容是动态性、完整性、现实性。"过"是经历体标记，表达的是历时的动态完整事件。"着"是持续体标记，它是对事件构成中的持续段观察的反映，它不反映事件的起始或终结，也不反映事件的整体。（戴耀晶 1997：33-93）

这六个体标记的性质并不是那么整齐划一的，根据性质以及语法位置的不同，可以分为两类：一类是独立的词汇形式，有"有"、"正"和"在"，在句法结构中直接位于 Aspect 节点位置，即"谓头"位置[1]；一类是黏着的词缀形式，有"着"、"了"和"过"，位于一个没有语音形态的轻量动词 v 节点下的，由于它们是不能独立存在的黏着语素，必须依附于动词成分，因此它们能吸引 V 节点下的动词上移与之结合。

假设词缀形式的体标记位于轻量动词 v 节点下，一方面是来自语义上的要求，根据邓思颖（2003：50），体标记出现在轻量动词上是为了检视轻量动词所表示的事件，突显部分或者整个事件的过程[2]；一方面是来自句法上的要求，现代汉语普通话只有 V 到轻动词 v 的移位，没有 V 到 T 的移位，如果把体貌成分放在曲折（Inflection）节点下（Pollock 1989 把 Inflection 分裂成包括 T 在内的若干功能性成分），动词就无法获得这一词缀（详见 Tang 2001；胡建华 2008：399）[3]。如图 7-7 所示。

---

[1] 徐杰（2006：55）谈到"谓头"位置就是句子中心成分"曲折"（Inflection，简写式为 INFL，后进一步简写为 I）占据的位置。在有体功能语类的句子中，体貌成分 Aspect 就是句子的中心成分，它所在的位置就是"谓头"位置。

[2] Huang（1997）认为当轻量动词是由一些没有语音形态的抽象术语所组成时，它的主要功能是表示事件意义"进行（do）、变成（become）、是（be）、使役（cause）"等。

[3] 生成语法理论在管辖及约束理论时期，采用"曲折"这个名称来统称句子中的语法范畴。后来，Pollock（1989）提出了 INFL 分裂假说，将 INFL 分裂成若干功能性成分，每个功能性成分都可以进行投射，形成自己的最大投射。这些功能性成分都可以统记为"I"，比如：I 可以是时态，可以是体貌，可以是语态，可以是情态，可以是否定等等；由这些功能性成分投射生成的短语结构就统记为 IP。

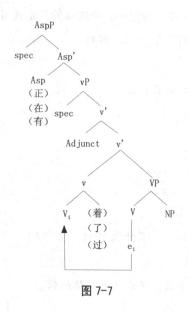

图 7-7

（二）"谓头"位置上的体功能语类引导着自己的最大投射 AspP

在现代汉语中，进行体标记"正"、"在"和完成体标记"有"都是添加在"谓头"位置上的，即位于 Aspect 的节点下，它们都能引导自己的最大句法投射 AspP。

在普通话中，完成体标记"有"主要是分布在完成体的否定式"没有"和完成体的疑问形式"有没有"中。我们认为，"有"的否定形式"没有"实则是否定标记"没"和完成体标记"有"的融合体[1]，它们的融合是在"谓头"位置发生的。徐杰（2006：59）谈到融合只能发生在句子中心这个位置上（即"谓头"位置）。否定标记"没"和完成体标记"有"都是位于"谓头"位置上的成分，因此它们融合为一个成分[2]。融合后的"没有"是作为一个凝固的整体使用的，使用的频率多了，否定标记"没"也带上了完成体意义，因此在日常语言使用中，常常省略"有"，仅用"没"就可以同时表达否定意义和完成体意义，如"我没看见李老师"。

现代汉语中完成体的肯定式通常是通过动词后的体标记"了"表达的。然

---

[1]　王士元（1990：25-33）持类似的观点，他认为"没有"实际上是一个语素复合体，由一个否定标记和一个体标记组成的序列，而不仅仅是"没"的未简化形式。陈平（1991）也谈到"没有"是单纯的否定意义同"已然"这一意义的结合体。

[2]　进行体标记"正在"实际上也是进行体标记"正"和"在"在"谓头"位置上进行融合的产物。

而，在闽方言、粤方言，以及台语中，完成体的肯定式可以直接通过在"谓头"位置添加完成体标记"有"来表达，例如：

闽方言厦门话：

（12）伊若有来，我则共伊讲。

闽方言潮州话：

（13）伊有去学堂。

（14）我有睇戏。

闽方言福州话：

（15）我有批评伊几句。

（16）我有接到通知。（宋金兰 1994：33–37）

闽方言海丰话：

（17）我有收着汝个批。（我收到了你的信。）

粤方言：

（18）我今日有去睇过渠。（我今天去看过他了。）（石毓智 2004：35）

台语：

（19）伊有来。（他有来。）（蔡维天 2003：375）

在上古汉语中，完成体的肯定式也可以直接通过在"谓头"位置添加完成体标记"有"来表达。例如：

（20）吾私有讨于午也。（《左传·定公十三年》）

汉语很多方言中的"体"范畴都是通过在"谓头"位置添加体标记来表达的。连城方言中的持续貌和进行貌分别是通过在"谓头"位置添加"紧"和"得"来表达的。例如：

连城方言的持续貌：

（21）打净饭紧扒。（[不就着菜]光往嘴里不停地扒拉着饭）

（22）得烧水薮底紧浸。（在热水里泡着）

（23）留渠紧〈看〉，〈咱〉一边食。（让他看看，咱们先吃）

（24）得大树头下放下来紧歇。（在大树下放下[担子]歇着）

（25）风紧吹，雪紧落，出门都唔得。（风不停地吹着，雪不停地下着，出不了门）

（26）日日爬起都紧食这得〈的〉鲜粥 ie^{11}，狭得唔骨 a³。（每天都喝着这样的稀饭，能不瘦吗）

（27）渠一日到夜紧打扑克，人都会拿去渠气死。（他一天到晚打着牌儿，人都要被他气死了）

连城方言的进行貌：

（28）我得食饭，渠得洗手。

（29）细人得学骑单车。（小孩在学骑自行车）

（30）外底得落雨，要带伞。

（31）一下〈的〉人都得担砖头。（所有的人都在挑砖头）（引自项梦冰1996：48-79）

除此之外，梅县方言中的持续貌也是通过在"谓头"位置添加"紧"来表达的（参见林立芳1997：127-139）。

安义方言用"勒+动词"来表进行貌（万波1996）、泉州方言用"嘞+动词"来表进行貌（李如龙1996）、温州方言用"着搭+动词"来表进行貌（潘悟云1996）。[1] "勒"、"嘞"和"着搭"等添加在动词前面的体标记实则都是添加在"谓头"位置上的。

广东话和台湾话也可以通过在"谓头"位置添加体标记来表达时体范畴。例如：

（32）Keuih yauh sikh faahn.

   第三人称单数 完成体标记 吃 饭

   他吃了饭。（广东话，转引自李梅2007：50）

（33）I   u   chia peng.

   第三人称单数 完成体标记 吃 饭

   他吃了饭。（台湾话，转引自李梅2007：50）

在现代汉语中，体标记"正"和"在"都是添加在"谓头"位置表示进行体意义，但是在襄樊、英山、武汉、合肥、保康等方言中，体标记"在"通常放在句末表示进行体意义，而在辰溪、宜都、南漳、保康、霍丘、英山、成都、

---

[1] 安义方言（万波1996）、泉州方言（李如龙1996）、温州方言（潘悟云1996）都载自张双庆主编：《中国东南部方言比较研究丛书——动词的体》，香港中文大学中国文化研究所吴多泰中国语文研究中心1996年版。

武汉等方言中它通常放在句末表示持续体意义（陈爽 2006：55-60）。例如：

（34）你看，他跑步在。（进行体，襄樊）

（35）妈妈上班在，你照顾一下妹妹。（进行体，英山）

（36）天还亮起在。（持续体，辰溪）

（37）报纸放在桌子上在。（持续体，成都）

这说明句尾位置和"谓头"位置一样，也是句子的敏感位置[1]。

7.2.2.2 "谓头"重叠

赵元任（1979）、吕叔湘（1980）、王力（1985）、张斌 & 胡裕树（1988）等多数汉语语法学家认为，现代汉语动词重叠以后所表示的短时意义是体的意义。

Li & Thompson（1981：232）认为，重叠是动词的一种体标记，表示动作的有限性（delimitative aspect）。

戴耀晶（1997：67）提到完整体除了包括现实体"了"和经历体"过"外，还包括短时体，短时体在汉语中是通过动词重叠的形式来表示的。

陈前瑞（2001：48-56）说到"动词重叠表达的是短时体"。

王永娜（2008：636-646）认为通过动词重叠表示"短时体"所遵循的是"重轻交替"的重音结构，汉语中动词重叠的音节形式 VV 只有和重音结构结合在一起才能承担标记"短时体"这一任务。

关于动词重叠格式的探讨，陆宗达 & 俞敏（1954）、何融（1962）、李人鉴（1964）、范方莲（1964）、张静（1979）、朱德熙（1982）、邢福义（2000）等都进行过相关的研究。

戴耀晶（1997：70）认为动词重叠的主要格式是"AA"式，动词重叠表达的基本语义属性是动态性、完整性和短时性，在具体语句中还伴随有尝试、轻松、轻微一类的意义。例如：

（38）金斗老汉故意扬扬手中的旱烟袋打趣道：……

（39）为了给她补虚，公爹咬咬牙杀了家里唯一的那只老母鸡。

（40）老头子退居二线了，不大去所里，平时看看闲书，打打牌，兴致来

---

[1] 徐杰（2005）提出句首、句尾和"谓头"位置是句子的三个敏感位置。在现代汉语中，可以通过在句尾添加语气词来表现时体，如"了"、"来着"（参见龚千炎 1995）。

了找人聊聊天, 倒也自在。 (引自戴耀晶 1997)

以上这些例句中的短时体意义都是通过动词重叠形式表达的。

由此可见在"谓头"位置上, 通过运用"重叠"语法手段, 可以表达短时体意义。

汉语中的大部分方言, 如安徽歙县话、河北魏县话、山西岚县话、山西临汾话、山西万荣话、山西孝义话、上海话、闽东话、福建福州话、广东广州话等, 都可以通过动词重叠来表达短时体意义。例如:

(41) 阿搭你到公园里去嘻嘻。(我和你到公园里玩一下。)

(42) 担衣裳烘烘干。(把衣服烤干。)

(43) 阿吃吃饭再去。(我吃完饭再去。)

(44) 阿梳梳头发就来。(我梳完头发就来。)(安徽歙县话, 引自黄伯荣 1996: 191-192)

在"谓头"位置上不仅可以通过"重叠"语法手段表示短时体意义, 在浙江的吴方言中还可以用来表示完成体意义。例如:

(45) 饭食食再去吧! (吃了饭再去吧!)

(46) 信寄寄就来。(寄了信就来。)(引自黄伯荣 1996: 175)

在安徽省霍丘话、安徽歙县话、贵州贵阳话、上海话、广东广州话、广东阳江话中, 动词重叠还可以用来表示进行体。例如:

(47) 口 [ti^{44}] 讲讲就笑起来啰。

　　　　他说着说着就笑起来了(安徽歙县话)

(48) 讲讲, 讲讲, 辰光就到勒。

　　　　说着说着时间就到了。(上海话)(引自黄伯荣 1996: 204-205)

7.3 体标记的共现和叠用

石毓智 (2006b: 14-24) 观察到体标记"正"、"在"和"着"经常一起出现, 形成各种组合搭配。如:

(49) 思想正在发生着质的变化。

(50) 房价正在挟持着中国经济发展。

(51) 他们在大声唱着歌。

在前面的论述中, 我们谈道, 现代汉语普通话中除了"有"、"正"和"在"

这三个位于 Aspect 节点下独立词汇形式的体标记外，另外三个黏着词缀形式的体标记是"着"、"了"和"过"，它们是占据轻量动词短语的中心语轻量动词位置的体标记。由于轻量动词没有实质语音值，无法独立存在，这就要求动词短语的中心成分（即核心动词）爬升上去和它们结合成我们所看到的表层句法结构形式"动词＋（着、了、过）"。

　　我们把体标记分为两类的分析在不违背经济原则的条件下，一方面肯定了体标记有自己的独立投射，一方面合理地说明了动词前附加语的分布问题；不仅如此，它还能解释汉语中体标记的共现和叠用现象（如图 7-8）。

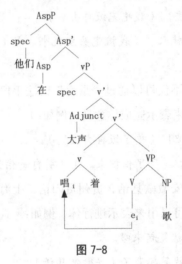

图 7-8

　　从图 7-8 中可以看到，进行体标记"在"位于句法结构中的 Aspect 节点下，而体标记"着"则是位于结构中的轻量动词 v 的节点下，由于体标记"着"是一个不能独立存在的黏着语素，因此 V 节点下的动词"唱"上移到 v 节点下和体标记"着"结合在一起，在表面上形成"唱着"的语序。

　　完成体标记"有"和经历体标记"过"也经常一起出现，例如：

（52）我没有悄悄地回过家。

（53）他没有高高兴兴大大方方地买过书 [1]。

　　上面例句中完成体标记"有"和经历体标记"过"的共现和叠用也可以很好地通过图 7-9 表现出来。

---

[1]　这个例句引自王士元（1990：26）。

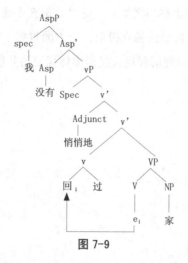

图 7-9

从树形图 7-9 中，我们可以看到，在"我没有悄悄地回过家"这个句子中，体标记"有"是位于 Aspect 节点下的，而第二个体标记"过"是位于一个没有语音形态的轻量动词 v 节点下的；由于"过"是一个不能独立存在的黏着语素，动词"回"必须上移至 v 处与"过"结合，形成复合形式"回过"，句中的附加语成分"悄悄地"是嫁接到 v' 上面的。

7.4 小结

现代汉语缺乏表示时意义的语法形态，时意义的表达主要是通过词汇手段实现的。然而，现代汉语中的体意义却是通过丰富而稳定的体标记实现的。众多学者在生成语法的框架下对现代汉语中的三个体标记"着"、"了"、"过"展开了一系列的研究，试图提出一个合理的句法分析，它们的分析主要可以概括为"显性移位说"和"隐性移位说"两种。这些句法分析都在一定程度上解决了部分问题，也都存在着种种弊端。在前人研究的基础上，我们把现代汉语中的体标记分为二类：一类是动词前的体标记，如"有"、"正"和"在"；一类是动词后的体标记，如"着"、"了"和"过"。动词前的体标记"有"、"正"和"在"都是添加在"谓头"位置上的，即位于 Aspect 的节点下，它们都能引导自己的最大句法投射 AspP。而动词后的体标记则是位于一个没有语音形态的轻量动词 v 节点下的，由于它们是不能独立存在的黏着语素，因此它们能吸引 V 节点下的动词上移与之结合。这种分析在不违背经济原则的条件下，一方面肯定了体标记有自己的独立投射，一方面说明了动词前附加语的分布问题；不仅如此，它还能合理解释现代汉语中体标记的共现和叠用现象。

第 8 章 结　论

8.1 本书的选题背景和意义

本书的整个理论背景是生成语法理论，分析具体问题时采用的是生成语法学在 20 世纪 80 年代初提出来的原则与参数理论，它是对这几十年来生成语法学研究的一个全面性、系统性和开拓性的总结，是目前生成语法学研究的主流理论。原则与参数理论是以模组理论和参数思想为核心内容的语法理论模式，其思想精髓是通过"原则"和"参数"描述不同自然语言之间的异同关系。语法分析的目的固然是要归纳各种语言中的种种"句法格式"的现象与特点，但是，最终要寻求的是造成这些现象与特点背后的原因，最终要达到的目标是合理地解释这些现象与特点，并在解释之后把它们从形式语法的规则系统中完全彻底地剥离出去。剥离与净化之后形式语法的核心运算系统中所保留的仅仅是那些超越具体句法结构的，甚至是凌驾于具体语言之上的简单、明晰和有限的"语法原则"。

前人关于等价于"谓头"位置的文献介绍和关于句子功能范畴的研究成果斐然，然而它们都存在着一定的局限性。

首先，汉语语法学者没有明确定义汉语的句子中心，没有对汉语句子中心位置上的句法成分给予明确的分析和说明。对汉语句子的句法分析大都是比照英语来进行的，汉语句子中心位置上的句法成分被生成语法学者们随意性地在结构上或表示为体貌，或表示为语态，或表示为情态，或表示为否定。

多数汉语语法学家也关注过汉语中介于主语和谓语之间的位置，以及与这个位置相关的一些语法现象，但是研究只局限在现象的观察和描写上，没有深入到相关现象的解释和说明这个层次。

其次，以前的研究都关注到了语法位置的重要性，但是汉语中介于主语和谓语之间的位置的重要性似乎被忽略了。前人的研究中也较多地涉及句子功能范畴，然而将语法位置和句子功能范畴联系起来研究的成果甚少，更未见有成果系统地研究二者之间的句法对应实现关系。

本书首先明确定义了汉语的句子中心，提出了"谓头"位置，结束了一直以来对国外理论生搬硬套，导致对很多汉语语法现象模糊处理的局面，真正地借鉴国外理论来解决汉语问题，将国外的先进语法理论与中国特色的汉语语法现象结合起来。

其次，本书首次关注到了汉语中介于主语和谓语之间的位置的重要性，并且看到了语法位置和语法范畴二者之间的关系，在此基础上，第一次将"谓头"位置和句子功能范畴联系起来了。

本书的研究具有重要的学术价值。一方面，它系统地考察了四大句子功能范畴在"谓头"位置上的句法实现过程。本研究为揭示和解释一系列汉语特殊语法现象提供研究范式，并提炼出汉语现象对语言理论本身的意义。另一方面，本研究扩大了语法研究的领域，促使语言研究从语言现象本身逐渐扩展到揭示各种现象的句法生成机制，通过对语法现象句法生成机制的研究更好地做到解释充分。

本书以"谓头"位置这一特定的语法位置为研究对象，通过这一特定的语法位置与各种句子功能范畴之间的关系来挖掘它的句法敏感性。本书的研究以汉语普通话的语料为主，在此基础上援引汉语方言、汉藏语系的其他语言以及英语、法语、日语等外国语言中的语料，在对大量语言事实进行观察描写分析的基础上，抽象概括和归纳出具有普遍语法意义的语法原则。

在本书的分析框架下，语言之间的共性远远大于个性，通过不同语言之间的比较可以得出跨语言超结构的理论概括，进一步将语言学中的"柏拉图问题"的谜底揭开。

8.2 本书的研究内容和结论

本书的研究内容主要是从三个方面来展开的。首先，本书定义了"谓头"位置，以及"谓头"位置的句法功能；接着，本书探讨了语法范畴、语法手段和语法位置之间的关系；最后，本书着重分析了"谓头"位置和句子功能范畴之间的表达和实现关系，讨论了在"谓头"位置到底可以采取哪些语法手段进行相关的语法操作，从而实现句子功能范畴的表达。其中本书选取了语气范畴、否定范畴、复句关联范畴和时体范畴这四大句子功能范畴，探讨了它们是如何通过语法手段在"谓头"位置上实现的。

本书在定义"谓头"位置时，指出"谓头"位置同句首和句尾位置都是句子中的特殊位置，是用以实现句子功能范畴表达的语法敏感位置。三者中，"谓头"位置的容量和功能最为强大。这主要体现在两个方面：其一，"谓头"位置为更多类型的语法操作提供了平台；其二，"谓头"位置更常用以实现词组和句子之间的转化。句首、句尾和"谓头"三个位置之所以对句子功能范畴敏感是因为它们正好都是句子中心语（I 和 C）所占据的位置；而句子中心语位置对句子功能范畴反应敏感则是因为句法短语与其中心语之间的"承继"关系造成的结果。

汉语中的"谓头"位置即是排除谓语外状语之后谓语最左侧的起头位置。在非 KVP 汉语方言中，助动词、时间频度副词和否定词是谓头位置的左侧界标；在 KVP 汉语方言中，"可 / 克 / 格"类疑问助词是"谓头"位置的左侧界标。

对句子功能范畴敏感的语法位置有三个：句首、句尾和"谓头"。句子功能范畴只能在句首、句尾和"谓头"三个敏感位置中某一个上，在有独立存在意义的语法条件约束下运用添加、移位和重叠三类语法手段之一来进行核查。各语言中的相关现象都是这个潜在能力在各自条件下实例化的结果，都是对这个封闭系统的有限选择。跨语言地来看，"谓头"位置跟句首和句尾位置呈现出互补分工状态。不同语言在选用三个敏感位置上的差异主要取决于各语言对"中心语位置参数"的不同赋值。

本书在探讨语法范畴、语法手段和语法位置之间的关系时，首先把语法范畴分为了"非句子功能范畴"和"句子功能范畴"两种。其中前者包括"话题范畴"、"焦点范畴"、"处置范畴"和"使役范畴"等，而后者包括"语气范畴"、"否定范畴"、"复句关联范畴"和"时体范畴"等。本书谈到了四类语言手段,即形态手段、词汇手段、语音手段和语法手段,其中常见的语法手段有"添加"、"移位"和"重叠"三种,并且谈到了各种语言手段和各种语法范畴,以及语法手段和非句子功能范畴之间的句法实现关系。进而,本书探讨了三个语法敏感位置和句子功能范畴之间的句法实现关系。最后,本书把"投射"分为两个层面,即语法成分的投射和语法特征的投射。

本书在分析"谓头"位置和语气范畴之间的句法实现关系时,通过对汉语普通话、汉语方言、少数民族语言,以及日语、英语、法语等外国语言的考察,具体分析了在"谓头"位置上是如何通过有限的三种语法手段实现"疑问语气范畴"、"祈使语气范畴"、"感叹语气范畴",甚至"虚拟语气范畴"的表达的。

本书认为汉语中通过正反重叠方式表达疑问的格式只有"A 不 AB"型正反问句,至于"AB 不 AB"和"AB 不 A"型问句,它们都不是经过重叠产生的,它们都是属于选择问句。"AB 不 AB"型问句是隐含了疑问连词"还是"的选择问句,而"AB 不 A"型问句则是在"AB 不 AB"型问句的基础上通过"照应省略规律"形成的。"是不是 VP"句式和"有没有 VP"句式都是通过正反重叠形成的两大疑问句式。这种分析对上海话中疑问副词"阿"与助动词以及否定词的相对位置具有一定的解释力。

本书在分析"谓头"位置和否定范畴之间的句法实现关系时,首先把否定分为三种类型,即词汇平面的否定、词组平面的否定和全句平面的否定。除此之外,还有一类特殊的否定,即"提升否定"。在汉语中,可以通过在"谓头"位置添加否定词"不"和"没(有)"来表达全句平面的否定。当句中同时出现否定词和助动词时,否定词和助动词可以在"谓头"位置融合为一体。当否定词添加在"谓头"位置上时,否定是作用于整个句子范围的;然而在具体的句子中,否定中心是不同的,它的选择取决于独立于否定本身的焦点选择。日语也可以通过在"谓头"位置上添加否定词ない来表达全句平面的否定。在英语中,当否定词前置时,往往伴随着"助动词—主语"的移位倒装操作。在汉语中,否定词可以用来区分"全句状语"和"谓语状语"。

本书在分析"谓头"位置和复句关联范畴之间的句法实现关系时,通过调查汉语及其他语言复句中关联标记的位置情况，发现汉语中的复句关联标记位置灵活多样，可以出现在分句的句首位置、句尾位置和"谓头"位置上。后置词（如景颇语）语言中的复句关联标记位置只能出现在分句句尾位置上，而前置词（如英语）语言中的复句关联标记位置也比较单一，只能出现在分句句首位置上。研究表明，汉语复句关联标记在三个位置上的分布是由于不同的句法原因造成的表面现象，而且也不是所有的复句关联标记都能出现在这三个位置上。

汉语是前置词和后置词并存的语言。由于连词和介词具有高度一致的语序和谐性，很多后置连词都是由后置词语法化而来的。因此在汉语中，既有只能出现在小句句首位置的前置连词，也有只能出现在小句句尾位置的后置连词。

景颇语是典型的后置词语言，所以景颇语中只存在后置连词，而没有前置连词，所有的复句关联标记都只能出现在小句句尾位置上；而英语是典型的前置词语言，所以英语中只存在前置连词，而没有后置连词，所有的复句关联标记都只能出现在小句句首位置上。

由于汉语句子中心的特殊性，功能项"谓素"占据的"谓头"位置是一个没有外在语音形式的空位置，与句子功能范畴表达有关的成分可以通过"添加"语法手段进入这个位置。复句关联范畴也属于句子功能范畴，所以汉语中的复句关联标记可以添加在"谓头"位置上。由于汉语句子中心的特殊性，句子结构可以相互包含，多层递归。句子结构的多层递归会产生不同层次的句子中心成分，也就会产生不同层次的"谓头"位置。双主语句式和动词复制句是汉语中的两种特殊句式，两种句式中复句关联标记的位置呈现出复杂性和多样性，这正是关联标记出现在句中不同层次"谓头"位置的结果。

汉语中这些所谓的特殊句式，其实都是汉语句子中心的特殊性带来的衍生现象，它们都不是具有独立存在语法地位的原生句法结构；而是一些超语言的普遍语法原则在具体语言中的实例化结果，汉英语言间的差异只表现为有限的参数差异（即句子中心参数差异）。

最后，本书探讨了"谓头"位置与时体范畴之间的关系。现代汉语缺乏表示时意义的语法形态，时意义的表达主要是通过词汇手段实现的；然而，现代汉语中的体意义却是通过丰富而稳定的体标记实现的。众多学者在生成语法的框架下对现代汉语中的三个体标记"着"、"了"、"过"展开了一系列的研究，试图提出一个合理的句法分析，它们的分析主要可以概括为"显性移位说"和"隐性移位说"两种。这些句法分析都在一定程度上解决了部分问题，也都存在着种种弊端。在前人研究的基础上，我们把现代汉语中的体标记分为两类：一类是动词前的体标记，如"有"、"正"和"在"；一类是动词后的体标记，如"着"、"了"和"过"。动词前的体标记"有"、"正"和"在"都是添加在"谓头"位置上的，即位于 Aspect 的节点下，它们都能引导自己的最大句法投射 AspP；而动词后的体标记则是位于一个没有语音形态的轻量动词 v 节点下的，由于它们是不能独立存在的黏着语素，因此它们能吸引 V 节点下的动词上移与之结合。这种分析在不违背经济原则的条件下，一方面肯定了体标记有自己的独立投射，一方面说明了动词前附加语的分布问题；不仅如此，它还能合理解释现代汉语中体标记的共现和叠用现象。

从本书的研究内容来看，本书是以一个语法敏感位置，即"谓头"位置，三种有限的语法手段，即"添加"、"重叠"和"移位"，来统摄四种句子功能范畴，即"语气范畴"、"否定范畴"、"复句关联范畴"和"时体范畴"。如图 8-1。

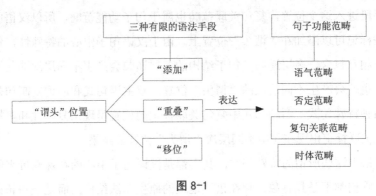

图 8-1

句子功能范畴在各种语言中的表面呈现方式是不同的，复杂又凌乱。我们的语法分析固然要观察、描写和归纳出各种语言中句子功能范畴的表达方式，但是我们最终要寻求的就是制约这种表面芜杂的语法范畴背后的"既非常简洁、又高度抽象概括"的普遍原则，而这种普遍原则归根到底就是"有限的语法位置"和"有限的语法手段"。尽管各种语言在表达句子功能范畴时所采用的句法格式是多种多样的，可实质上它们无非都是通过语法敏感位置之一，即"谓头"位置，和三种有限的语法手段的拼盘配套使用来表达种种句子功能范畴的；有的采用在"谓头"位置"添加"，有的采用在"谓头"位置"重叠"，有的则采用在"谓头"位置"移位"。在同一种语言中，表达某一种句子功能范畴时，都必须选用其中至少一种拼盘配套方式。因此，各种表达句子功能范畴的多样化的句法格式都应该从形式语法的规则系统中完全彻底地剥离出去。剥离与净化之后形式语法的核心运算系统中所保留的仅仅是那些超越具体句法结构的、并且凌驾于具体语言之上的"语法原则"，它们简单、明晰、有限！如图 8-2。

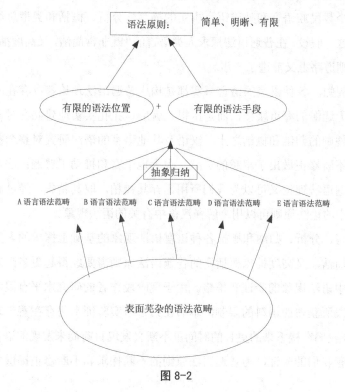

图 8-2

本书是建立在对各种语言的事实和规则的归纳和概括之上的，试图获取那些超越具体句法结构的，并且凌驾于具体语言之上的"语法原则"的一点尝试。汉语生动而多样的语法事实对修正和丰富普遍语法理论起着不可估量的作用，具有鲜明而丰富的个性特征的汉语对跨语言的对比分析和类型概括的研究工作更是做出了不可替代的贡献。我们相信，汉语以其独特的魅力将会在更大范围内为人类语言间的共性探讨和普遍语法原则理论的丰富演绎谱写出最美丽的乐章。

8.3 本书的遗留问题及后续研究

本书以一个语法敏感位置,即"谓头"位置和四大句子功能范畴,即"语气范畴"、"否定范畴"、"复句关联范畴"和"时体范畴"的关系,论证了有限的语法位置上通过有限的语法手段可以表达多种句子功能范畴的观点。本书的假设是置于普遍语法的框架下的,通过对汉语普通话的语言事实,以及汉语方言、少数民族语言和外国语言事实的描写、分析、概括和类型总结,有利地验证了这一假设,在普遍语法探求人类语言的"既非常简洁,又高度抽象概括"的普遍原则道路上又前进了一步。

众所周知,各种语言的语言事实都是构成普遍语法理论赖以存在的基础,它不是虚无缥缈的海市蜃楼,而是压根儿就应该扎扎实实地建立在对各种语言的事实和规则的归纳和概括之上。汉语及其他语言的语法研究对整个普遍语法的发展和不断修正做出了卓越的贡献,大大地丰富和推动了普遍语法理论;反过来,普遍语法理论又可以为我们所用,弃其糟粕,取其精华,经过验证了的普遍语法中的语法原则可以用来解释汉语中有关的语法现象。

在描写、分析、归纳和概括各种语言语法现象的基础上探求的人类语言的"既非常简洁,又高度抽象概括"的普遍语法原则需要经得起更多尚未发现的各种语言中语法现象的验证和推敲。由于现阶段作者的研究水平有限,也由于受到现阶段所获得的语料的限制,本书在语言事实验证上仍存在着一定的局限性,这需要我们在接下来的更长的时间里不断去发现目前尚未发现的语言现象,进一步完善我们的验证,为普遍语法原则的不断探求和不断修正提供更多的事实依据。

由于本书篇幅的限制,我们在讨论"谓头"位置和句子功能范畴的关系时,主要涵盖了语气范畴、否定范畴、复句关联范畴和时体范畴。在后续研究中,我们会探讨更多的语法范畴,在更广阔的理论背景下,我们将更多的语法范畴联系起来通盘考虑,统一处理;并且将更多的语法范畴与功能性语法位置联系起来,系统地研究二者之间的句法对应实现关系。

参考文献

白解红、石毓智：《将来时标记向认识情态功能的衍生》，载《外国语言文学（季刊）》2008 年第 2 期。

[美] 布龙菲尔德：《语言论》，袁家骅、赵世开、甘世福译，商务印书馆 1980 年版。

蔡维天：《台湾普通话和方言中的"有"——谈语法学中的社会因缘与历史意识》，载戴昭铭主编：《汉语方言语法研究和探索——首届国际汉语方言语法学术研讨会论文集》，黑龙江人民出版社 2003 年版。

蔡维天：《重温"为什么问怎么样，怎么样问为什么"—谈汉语疑问句和反身句中的内、外状语》，载《中国语文》2007 年第 3 期。

蔡维天：《谈内外之分：以汉语的状语、蒙受结构、轻动词及宾语前置为例》，北京大学中文系及汉语语言学研究中心学术讲座，2008 年 11 月 18 日。

曹逢甫：《主题在汉语中的功能研究：迈向语段分析的第一步》，谢天蔚译，语文出版社 1995 年版。

曹逢甫：《汉语的句子与子句结构》，王静译，北京语言大学出版社 2004 年版。

曹逢甫、郑萦：《谈闽南语"有"的五种用法及其间的关系》，曹逢甫、西真光正主编：《台湾学者汉语研究文集（语法篇）》，天津人民出版社 1997 年版。

陈建民：《现代汉语句型论》，语文出版社 1986 年版。

陈 莉、潘海华：《现代汉语"不"和"没"的体貌选择》，载中国语文杂志社编：《语法研究和探索（十四）》，商务印书馆 2008 年版。

陈立民：《汉语的时态和时态成分》，载《语言研究》2002 年第 3 期。

陈妹金：《汉语与一些汉藏系语言疑问句疑问手段的类型共性》，载《语言研究》1993 年第 1 期。

陈 平：《论现代汉语时间系统的三元结构》，载《中国语文》1988 年第 6 期。

陈 平：《英汉否定结构对比研究》，载陈平主编：《现代语言学研究——理论·方法与事实》，重庆出版社 1991 年版。

陈前瑞：《动词重叠的情状特征及其体的地位》，载《语言教学与研究》2001 年第 4 期。

陈 爽：《汉语方言句末助词"在"的类型学考察及历时探源》，载《惠州学院学报》2006 年第 1 期。

陈文伯：《英汉否定表达法比较》，载《外语教学与研究》1979 年第 2 期。

程 工：《语言共性论》，上海外语教育出版社 1999(a) 年版。

程 工：《名物化与向心结构理论新探》，载《现代外语》1999(b) 年第 2 期。

储泽祥：《小句是汉语语法基本的动态单位》，载《汉语学报》2004 年第 2 期。

戴浩一：《以认知为基础的汉语功能语法刍议（上）》，叶蜚声译，载《国外语言学》1990 年第 4 期。

戴浩一：《以认知为基础的汉语功能语法刍议》，载戴浩一、薛风生主编：《功能主义与汉语语法》，北京语言学院出版社 1994 年版。

戴庆夏、傅爱兰：《藏缅语的是非疑问句》，载《中国语文》2000 年第 5 期。

戴庆夏、徐悉艰：《景颇语语法》，中央民族学院出版社 1992 年版。

戴耀晶：《现代汉语时体系统研究》，浙江教育出版社 1997 年版。

戴耀晶：《试论汉语重动句的语法价值》，载《汉语学习》1998 年第 2 期。

戴耀晶：《现代汉语否定标记"没"的语义分析》，载中国语文杂志社编：《语法研究和探索（十）》，商务印书馆 2000 年版。

邓剑文：《关于主谓谓语句的分析问题》，载《中国语文》1958 年第 6 期。

邓守信：《汉语动词的时间结构》，载《语言教学与研究》1985 年第 4 期。

邓思颖：《汉语方言语法的参数理论》，北京大学出版社 2003 年版。

邓思颖：《最简方案与汉语语法研究》，载刘丹青主编：《语言学前沿和汉语研究》，上海教育出版社 2005 年版。

丁声树等：《现代汉语语法讲话》，商务印书馆 1961 年版。

董秀芳：《现代汉语中的助动词"有没有"》，载《语言教学与研究》2004 年第 2 期。

董秀英、徐　杰：《假设句句法操作形式的跨语言比较》，载《汉语学报》2009 年第 4 期。

方　霁：《从认知的角度看英汉时制系统及其表达差异》，载《世界汉语教学》2000 年第 3 期。

方　立：《"I don't think..."和"I think ...not..."》，载《外语教学与研究》2002 年第 6 期。

范方莲：《试论所谓"动词重叠"》，载《中国语文》1964 年第 4 期。

范开泰：《语用说略》，载《中国语文》1985 年第 1 期。

范　晓：《复动"V 得"句》，载《语言教学与研究》1993 年第 4 期。

范　晓、张豫峰等：《语法理论纲要》，上海译文出版社 2003 年版。

[美] 菲尔墨：《"格"辩》，胡明扬译，商务印书馆 2002 年版。

高名凯：《汉语语法论》，商务印书馆 1948 年版。

龚千炎：《汉语的时相时制时态》，商务印书馆 1995 年版。

顾　阳：《动词的体及体态》，载徐烈炯主编：《共性与个性：汉语语言学中的争议》，北京语言文化大学出版社 1999 年版。

顾　阳：《时态、时制理论与汉语时间参照》，载《语言科学》2007 年第 4 期。

郭　锐：《过程和非过程——汉语谓词性成分的两种外在时间类型》，载《中国语文》1997 年第 3 期。

何　融：《略论汉语动词的重叠法》，载《中山大学学报》1962 年第 1 期。

何元建：《X 标杆理论与汉语短语结构》，载《国外语言学》1995 年第 2 期。

何元建：《生成语言学背景下的汉语语法及翻译研究》，北京大学出版社

2007 年版。

何元建、王玲玲：《论汉语中的名物化结构》，载《汉语学习》2007 年第 1 期。

贺 阳：《汉语完句成分试探》，载《语言教学与研究》1994 年第 4 期。

洪心衡：《现代汉语语法问题研究》（续编），福建人民出版社 1963 年版。

胡 附、文 炼：《现代汉语语法探索》，新知识出版社 1957 年版。

胡建华：《现代汉语不及物动词的论元和宾语—从抽象动词"有"到句法 - 信息结构接口》，载《中国语文》2008 年第 5 期。

胡明扬：《海盐方言的动态范畴》，载胡明扬主编：《汉语方言体貌论文集》，江苏教育出版社 1996 年版。

胡裕树、范晓：《试论语法研究的三个平面》，载《新疆师范大学学报》1985 年第 2 期。

胡裕树、范晓：《动词形容词的"名物化"和"名词化"》，载《中国语文》1994 年第 2 期。

黄伯荣：《汉语方言语法类编》，青岛出版社 1996 年版。

黄南松：《试论短语自主成句所应具备的若干语法范畴》，载《中国语文》1994 年第 6 期。

黄月圆：《把 / 被结构与动词重复结构的互补分布现象》，载《中国语文》1996 年第 2 期。

黄正德：《汉语正反问句的模组语法》，载《中国语文》1988(a) 年第 4 期。

黄正德：《说"是"和"有"》，载《中央研究院历史语言研究所集刊》1988(b) 年第 59 本。

[美] 霍凯特：《现代语言学教程》，索振羽、叶蜚声译，北京大学出版社 2002 年版。

江蓝生：《时间词"时"和"後"的语法化》，载《中国语文》2002 年第 4 期。

蒋 鲤：《动补结构重动句与动补结构话题句的句法构造和相互关系》，北京大学 2006 年硕士学位论文。

蒋 严、潘海华：《形式语义学引论》，中国社会科学出版社 1998 年版。

金立鑫：《现代汉语"了"的时体特征》，载《语言教学与研究》1998 年第 1 期。

黎锦熙、刘世儒：《语法再研讨——词类区分和名词问题》，载《中国语文》1960 年 1 月号。

李宝伦、潘海华：《焦点与"不"字句之语义解释》，载《现代外语》1999 年第 2 期。

李临定：《动补格句式》，载《中国语文》1980 年第 2 期。

李临定：《现代汉语动词》，中国社会科学出版社 1990 年版。

李　梅：《从现代汉语角度考察功能语类——时态的设立》，载《现代外语》2003 年第 1 期。

李　梅：《现代汉语否定句法研究》，上海外语教育出版社 2007 年版。

李　梅、赵卫东：《现代汉语中体的最简方案分析》，载《外国语言文学（季刊）》2008 年第 1 期。

李　讷、石毓智：《汉语动词拷贝结构的演化过程》，载《国外语言学》1997 年第 3 期。

李人鉴：《关于动词重叠》，载《中国语文》1964 年第 4 期。

李铁根：《现代汉语时制研究》，辽宁大学出版社 1999 年版。

李铁根：《现代汉语的时制分类与"了/着/过"的表时功能》，载陆俭明主编：《面临新世纪挑战的现代汉语语法研究》，山东教育出版社 2000 年版。

李铁根：《"了"、"着"、"过"与汉语时制的表达》，载《语言研究》2002 年第 3 期。

李英哲、郑良伟、贺上贤、侯炎尧、Larry Foster、Moria Yip：《实用汉语参考语法》，熊文华译，北京语言学院出版社 1990 年版。

李　莹：《感叹句标记手段的跨语言比较》，载《汉语学报》2008 年第 3 期。

李宇明：《疑问标记的复用及标记功能的衰变》，载《中国语文》1997 年第 2 期。

林立芳：《梅县方言语法论稿》，中华工商联合出版社 1997 年版。

林若望：《论现代汉语的时制意义》，载《语言暨语言学》2002 年第 1 期。

刘丹青：《苏州方言的发问词与"可 VP"句式》，载《中国语文》1991 年第 1 期。

刘丹青：《语序类型学与介词理论》，商务印书馆 2003 年版。

刘丹青：《句类及疑问句和祈使句：＜语法调查研究手册＞节选》，载《语言科学》2005 年第 5 期。

刘丹青：《语法调查研究手册》，上海教育出版社 2008 年版。

刘鑫民：《现代汉语句子生成问题研究：一个以语序为样本的探索》，华东师范大学出版社 2004 年版。

龙果夫：《现代汉语语法研究》，中华书局 1952 年版。

陆俭明：《汉语中表示主从关系的连词》，载《北京大学学报（哲学社会科学版）》1983 年第 3 期。

陆俭明：《周遍性主语及其它》，载《中国语文》1986 年第 3 期。

陆俭明、沈阳：《汉语和汉语研究十五讲》，北京大学出版社 2003 年版。

陆宗达、俞敏：《现代汉语语法（上册）》，群众书店 1954 年版。

罗福腾：《山东方言里的反复问句》，载《方言》1996 年第 3 期。

罗昕如：《新化方言研究》，湖南教育出版社 1998 年版。

吕冀平：《句法分析和句法教学》，载《中国语文》1982 年第 1 期。

吕叔湘：《中国文法要略》，商务印书馆 1942 年版。

吕叔湘：《汉语语法分析问题》，商务印书馆 1979 年版。

吕叔湘：《现代汉语八百词》，商务印书馆 1980 年版。

吕叔湘：《疑问·否定·肯定》，载《中国语文》1985 年第 4 期。

马宏程、熊雯、徐杰：《全句否定范畴标记的语法位置及相关解释》，载《汉语学报》2010 年第 1 期。

马庆株：《时量宾语和动词的类》，载《中国语文》1981 年第 6 期。

马庆株：《汉语动词和动词性结构》，北京语言学院出版社 1992 年版。

马学良：《汉藏语概论》，民族出版社 2003 年版。

梅　广：《国语语法中的动词组补语》，载王梦鸥主编：《屈万里先生七秩荣庆论文集》，联经出版社 1978 年版。

梅祖麟：《现代汉语选择问句法的来源》，载《历史语言研究所集刊》1978 年第 49 本。

倪大白：《藏缅、苗瑶、侗泰诸语言及汉语疑问句结构的异同》，载《语言研究》1982 年第 1 期。

聂仁发：《否定词"不"与"没有"的语义特征及其时间意义》，载《汉语学习》2001年第1期。

彭利贞：《现代汉语情态研究》，中国社会科学出版社2007年版。

钱敏汝：《否定载体"不"的语义——语法考察》，载《中国语文》1990年第1期。

屈承熹：《汉语认知功能语法》，黑龙江人民出版社2004年版。

阮钢良：《法语疑问句的种类、构成及发问语气的探讨》，载《上海铁道大学学报》2000年第7期。

尚　新：《突显理论与汉英时体范畴的类型学差异》，载《语言教学与研究》2004年第6期。

邵敬敏、周娟：《汉语方言正反问的类型学比较》，载邵敬敏主编：《21世纪汉语方言语法新探索：第三届汉语方言语法国际研讨会论文集》，暨南大学出版社2008年版。

沈开木：《"不"字的否定范围和否定中心的探索》，载《中国语文》1984年第6期。

施关淦：《"这本书的出版"中"出版"的词性》，载《中国语文通讯》1981年第4期。

石定栩：《乔姆斯基的形式句法——历时进程与最新理论》，北京语言文化大学出版社2002年版。

石毓智：《论现代汉语的体范畴》，载《中国社会科学》1992年第6期。

石毓智：《肯定和否定的对称与不对称》，北京语言文化大学出版社2001年版。

石毓智：《汉语的领有动词与完成体的表达》，载《语言研究》2004年第2期。

石毓智：《论判断、焦点、强调与对比之关系——"是"的语法功能和使用条件》，载《语言研究》2005年第4期。

石毓智：《语法的概念基础》，上海外语教育出版社2006(a)年版。

石毓智：《论汉语的进行体范畴》，载《汉语学习》2006(b)年第3期。

史金生：《语气副词的范围、类别和共现顺序》，载《中国语文》2003年第1期。

史有为：《主语后停顿与话题》，载《中国语言学报》1995 年第 5 期。

司富珍：《中心语理论和汉语的 DeP》，载《当代语言学》2004 年第 1 期。

宋金兰：《"有"字句新探——"有"的体助词用法》，载《青海师专学报》1994 年第 2 期。

宋永圭：《现代汉语助动词及其否定式研究》，复旦大学 2001 年硕士论文。

孙英杰：《现代汉语体系统研究》，黑龙江人民出版社 2007 年版。

[日] 太田辰夫：《中国语历史文法》，蒋绍愚、徐昌华译，北京大学出版社 1958/2003 年版。

汤廷池：《汉语词法句法三集》，学生书局 1992 年版。

唐翠菊：《现代汉语重动句的分类》，载《世界汉语教学》2001 年第 1 期。

陶　炼：《"是不是"问句说略》，载《中国语文》1998 年第 2 期。

王灿龙：《重动句补议》，载《中国语文》1999 年第 2 期。

王福庭：《连动式还是连谓式》，载《中国语文》1960 年第 10 期。

王　力：《中国语法理论（上册）》，中华书局股份有限公司 1954 年版。

王　力：《中国现代语法》，商务印书馆 1985 年版。

王玲玲、何元建：《汉语动结结构》，浙江教育出版社 2002 年版。

王　森、王毅、姜丽：《"有没有 / 有 / 没有 +VP"句》，载《中国语文》2006 年第 1 期。

王士元：《现代汉语中的两个体标记》，袁毓林译，载《国外语言学》1990 年第 1 期。

王松茂：《汉语时体范畴论》，载《齐齐哈尔大学学报（哲学社会科学版）》1981 年第 3 期。

王永娜：《谈韵律、语体对汉语表短时体的动词重叠的制约》，载《语言科学》2008 年第 6 期。

温宾利：《当代句法学导论》，外语教学与研究出版社 2002 年版。

吴振国：《关于正反问句和"可"问句分合的一些理论方法问题》，载《语言研究》1998 年第 2 期。

吴中伟：《现代汉语句子的主题研究》，北京大学出版社 2004 年版。

项开喜：《汉语重动句式的功能研究》，载《中国语文》1997 年第 4 期。．

项梦冰：《连城（新泉）方言的体》，载张双庆主编：《动词的体》，香港中文大学中国文化研究所吴多泰中国语文研究中心 1996 年版。

谢留文：《客家方言的一种反复问句》，载《方言》1995 年第 3 期。

邢福义：《汉语语法学》，东北师范大学出版社 1996 年版。

邢福义：《论"V一V"》，载《中国语文》2000 年第 5 期。

邢公畹：《现代汉语和台语里的助词"了"和"着"》，载《民族语文》1979 年 2、3 连载。

邢　欣：《主谓谓语句的范围》，载袁晖、戴耀晶主编：《三个平面：汉语语法研究的多维视野》，语文出版社 1998 年版。

熊仲儒：《零成分与汉语"名物化"问题》，载《现代外语》2001 年第 3 期。

徐　杰：《疑问范畴和疑问句式》，载《语言研究》1999 年第 2 期。

徐　杰：《"重叠"语法手段与"疑问"语法范畴》，载《汉语学报（下卷）》2000 年第 2 期。

徐　杰：《普遍语法原则与汉语语法现象》，北京大学出版社 2001 年版。

徐　杰：《句子的三个敏感位置与句子的疑问范畴》，载单周尧、陆镜光主编：《语言文字学研究》，中国社会科学出版社 2005 年版。

徐　杰：《句子的中心与助动词占据的谓头位置》，载《汉语学报》2006 年第 3 期。

徐　杰：《词汇手段、语法手段与语音手段在疑问句中的互补与互斥》，载徐杰、钟奇主编：《汉语词汇·句法·语音的相互关联》，北京语言文化大学出版社 2007 年版。

徐　杰：《句子语法功能的性质与范围》，载《华中师范大学学报》2010 年第 2 期。

徐　杰、李莹：《汉语谓头位置的特殊性及相关句法理论问题》，载邵敬敏、石定栩主编：《汉语语法研究的新拓展（五）》，北京大学出版社 2011 年版。

徐　杰、李英哲：《焦点和两个非线性语法范畴："否定"、"疑问"》，载《中国语文》1993 年第 2 期。

徐烈炯、刘丹青：《话题的结构与功能》，上海教育出版社 2007 年版。

徐烈炯、邵敬敏：《"阿V"及其相关疑问句式比较研究》，载《中国语文》1999 年第 3 期。

徐通锵：《语言论——语义型语言的结构原理和研究方法》，东北师范大学出版社 1997 年版。

徐通锵：《述谓结构和汉语的基本句式》，载《语文研究》2007 年版第 3 期。

[俄] 雅洪托夫：《汉语的动词范畴》，陈孔伦译，中华书局 1957 年版。

杨成凯：《"主主谓"句法范畴和话题概念的逻辑分析——汉语主宾语研究之一》，载《中国语文》1997 年第 4 期。

杨素英：《当代动貌理论与汉语》，载中国语文杂志社编：《语法研究和探索（九）》，商务印书馆 2000 年版。

余小强：《否定算子＋助动词＋主语的优选论分析》，载《外语学刊》2005 年第 6 期。

袁毓林：《正反问句及相关的类型学参项》，载《中国语文》1993 年第 2 期。

袁毓林：《话题化及相关的语法过程》，载《中国语文》1996 年第 4 期。

曾炳衡：《英语中的"否定"》，载《外语教学与研究》1964 年第 1 期。

张　斌、胡裕树：《中国大百科全书·语言文字》，中国大百科全书出版社 1988 年版。

张伯江：《疑问句功能琐议》，载《中国语文》1997 年第 2 期。

张国宪：《略论句法位置对同现关系的制约》，载《汉语学习》1998 年第 1 期。

张济卿：《汉语并非没有时制语法范畴——谈时、体研究中的几个问题》，载《语文研究》1996 年第 4 期。

张　静：《论汉语的动词重叠形式》，载《郑州大学学报》1979 年第 3 期。

张万禾、石毓智：《现代汉语的将来时范畴》，载《汉语学习》2008 年第 5 期。

张旺熹：《重动结构的远距离因果关系动因》，载徐烈炯、邵敬敏主编：《21 世纪首届现代汉语语法国际研讨会论文集》，浙江教育出版社 2002 年版。

张　秀：《汉语动词的"体"和"时制"系统》，载中国语文杂志社编：《语法论集》第 1 集，中华书局 1957 年版。

张志公：《现代汉语》，人民教育出版社 1982 年版。

赵普荣：《从动谓句中的动词重复谈起》，载《中国语文》1958 年第 2 期。

赵元任：《汉语口语语法》，吕叔湘译，商务印书馆 1979 年版。

郑定欧：《析广州话尝试貌"动＋两＋动"式》，载胡明扬主编：《汉语方言体貌论文集》，江苏教育出版社 1996 年版。

周　刚：《连词与相关问题》，安徽教育出版社 2002 年版。

朱德熙：《现代汉语语法研究》，商务印书馆 1980 年版。

朱德熙：《语法讲义》，商务印书馆 1982 年版。

朱德熙：《汉语方言里的两种反复问句》，载《中国语文》1985(a) 年第 1 期。

朱德熙：《语法答问》，商务印书馆 1985(b) 年版。

朱德熙：《"V—neg—VO"与"VO—neg—V"两种反复问句在汉语方言中的分布》，载《中国语文》1991 年第 5 期。

左思民：《现代汉语的"体"概念》，载《上海师范大学学报（社科版）》1997 年第 2 期。

左思民：《试论"体"的本质属性》，载《汉语学习》1998 年第 4 期。

左思民：《现代汉语中"体"的研究——兼及体研究的类型学意义》，载《语文研究》1999 年第 1 期。

Sybesma, R、沈阳：《结果补语小句分析和小句的内部结构》，载《华中科技大学学报（哲社版）》2006 年第 4 期。

Viviane Alleton,《现代汉语中的感叹语气》，王秀丽译，载《国外语言学》1992 年第 4 期。

Cao, Jiefei, Mood in Mandarin Chinese: Negative Modal Markers bu and mei, Taiwan, Fu-Jen Catholic University, M.A. Theses, 1996.

Cheng, Lisa Lai—Shen, On the Typology of wh-questions, Doctoral dissertation, MIT, 1991.

Cheng, Lisa Lai—Shen, Two Verb Copying Strategies in Resultatives, presented at SoY workshop on Resultatives at Leiden University, 2005.

Chiu, B, H-C, The Inflectional Structure of Mandarin Chinese, Ph.D. dissertation, Los Angeles: University of California, 1993.

Chu, Chauncey C, A Reference Grammar of Mandarin Chinese for English

Speakers, New York: Peter Lang, 1983.

Chomsky, N, Lectures on Government and Binding, Dordrecht: Foris, 1981.

Chomsky, N, Some Notes on Economy of Derivation and Representation, In R. Freidin(ed.) Principles and Parameters in Comparative Grammar, MIT Press, Cambridge, 1991.

Cole, Peter & L. Sung, Feature Percolation in GB Theory, University of Delaware, M.S. ,1990.

Comrie, Bernard, Aspect, Cambridge, Mass.: Cambridge University Press, 1976.

Dik, Simon C, The Theory of Functional Grammar, In Kees Hengeveld(ed.) The Structure of the Clause (2nd version), Berlin & New York: Mouton de Gruyter, 1997.

Dirven, R & Verspoor, M, Cognitive Exploration of Language and Linguistics, Amsterdam: John Benjamins, 1998.

Dooley, Robert A, Sentence-initial Elements in Brazilian Guaraní, In Joseph E.Grimes (ed.) Sentence Initial Devices, Summer Institute of Linguistics Publications in Linguistics 75, Dallas: Summer Institute of Linguistics and the University of Texas at Arlington, 1986, pp. 45-69.

Dorgeloh,Heidrum, Conjunction in Sentence and Discourse: Sentence-initial and Discourse Structure, Journal of Pragmatics, 36.10 (2004), pp. 1761-1779.

Dryer, Matthew S, Position of Polar Question Particles, In Martin Haspelmath et al.(eds.) The World Atlas of Language Structures, Oxford University Press, 2005, p.374.

Edward, Sapir, Language: An Introduction to the Study of Speech, Beijing: Foreign Language Teaching and Research Press, 2001.

Ernst, Thomas, Chinese Adjuncts and Phrase Structure Theory, Journal of Chinese Linguistics 22.1 (1994),pp.47-70.

Ernst, Thomas, Negation in Mandarin, Natural Language and Linguistic Theory 13(1995),pp. 665-707.

Gu, Yang, Aspect Licensing, Verb movement and Feature Checking, Cahiers de Linguistique Asie Orientale, 24.1(1995).

Hajime,Ono, An Emphatic Particle da and Exclamatory Sentences in Japanese, In Simon Mauck & Jenny Mittelstaedt(eds.) Georgetown Working Papers in Theoretical Linguistics 2 [Proceeding of the Workshop on the Syntax-Semantics Interface in the CP-domain], Department of Linguistics, Georgetown University, 2002, pp. 211-246.

Harriehausen, Bettina, Hmong Njua: Syntaktische Analyse einer gesprochenen Sprache mithilfe daten—Verarbeitungstechnischer Mittel und sprachvergleichende Beschreibung des südostasiatischen Sprachraumes, Tübingen: Max Niemeyer Verlag,1990.

Huang, Chu-Ren & L.Mangione, A Reanalysis of de: Adjuncts and Subordinate Clauses, Proceedings of the 4th West Coast conference on Formal Linguistics,1985.

Huang, C. T. James, Logical Relation in Chinese and the Theory of Grammar, Ph.D. Dissertation, MIT,1982.

Huang, C. T. James, On the Distribution and Reference of Empty Pronouns, Linguistics Inquiry, Volume 15, Number 4,1984.

Huang, C. T. James, Wo Pao De Kuai and Chinese Phrase Structure, Language 64 (1988), pp.274-311.

Huang, C. T. James, Verb Movement and Some Syntax-semantics Mismatches in Chinese, Chinese Languages and Linguistics 2 (1994),pp.587-613.

Huang, C. T. James, On Lexical Structure and Syntactic Projection, In F. F. Tsao & H. S. Wang (eds.) Chinese Languages and Linguistics 3, Taipei: Academia Sinica, 1997, pp.45-89.

Huang, C. T. James & Li, Y.H. Audrey, Recent Generative Studies on Chinese Syntax, In Huang, C. T. James & Y.-H Audrey Li (eds.) New Horizons of Chinese Linguistics, Dordrecht: Kluwer, 1995.

Huang, C. T. James, Li,Y.H. Audrey & Li, Yafei, The Syntax of Chinese, To be published by Cambridge University Press, 2007.

Huang Mei—chin, Aspect: A General System and Its Manifestation in Mandarin Chinese, Student Book Ltd., Taibei, 1988.

Jiang, Zixin, Some Aspects of the Syntax of Topic and Subject in Chinese, Doctoral dissertation, University of Chicago,1991.

Kahombo, Mateene, Esssai de grammaire du Kihunde: Syntaxe, morphologie et phonologie mélangées, Hamburg : Lit Verlag, 1992.

Kayne, R.S, Principles of Particle Constructions, In J. Gueron, H.G.Obenauer & J.Y.Pollock(eds.) Grammatical Representation, Foris: Dordrecht, 1984.

Klima, E, Negation in English, In J. Fodor & J. Katz(eds.) The Structure of Language, New Jersey: Prentice Hall Inc, 1964.

Larson, Richard K, On the Double Object Construction, Linguistic Inquiry 19 (1988).

Li, Charles & Sandra Thompson, Subject and Topic: A New Typology of Language, In C. Li(ed), Subject and Topic, New York: Academic Press, 1976.

Li, Charles & Sandra Thompson, Mandarin Chinese: A Functional Reference Grammar, Berkeley, Los Angeles, and London: University of California Press, 1981.

Li, Yen-hui Audrey, Abstract case in Chinese, Unpublished Ph.D. dissertation, Los Angeles: U.S.C., 1985.

Li, Yen-hui Audrey, Order and Constituency in Mandarin Chinese, Dordrecht: Kluwer Academic Publishers, 1990.

Lin, Jo-wang, Aspectual Selection and Negation in Mandarin Chinese, Linguistics 41-3 (2003), pp.425-459.

Lin, Tzong-Hong, Light Verb Syntax and the Theory of Phrase Structure, Doctoral Dissertation, University of California, Irvine, 2001.

Miao-Ling Hsieh, Form and Meaning: Negation and Question in Chinese, Doctoral dissertation, University of Southern California, Los Angeles, 2001.

Ning,Chunyan,The Overt Syntax of Relativization and Topicalization,Doctoral dissertation, University of California, Irvine, 1993.

Paris, Marie-Claude, Nominalization in Mandarin Chinese, Department de Recherches Linguistiques, Universite Paris VII,1979.

Pollock, J-Y,Verb Movement, Universal Grammar, and the Structure of IP,

Linguistic Inquiry 20 (1989).

Ross, Claudia, Adverbial Modification in Mandarin. JCL 12.2 (1984).

Shi, Dingxu,The Nature of Topic Comment Construction and Topic Chain, Doctoral dissertation, University of Southern California, Los Angeles, 1992.

Shi, Dingxu, Topic and Topic-Comment Constructions in Mandarin Chinese, Language 76 (2000),pp.383-408.

Shyu, Shu-ing,The Syntax of Focus and Topic in Mandarin Chinese, Doctoral dissertation, University of Southern California, Los Angeles, 1995.

Smith, Carlota S, The Parameter of Aspect,Dordrecht, Kluwer,1991.

Smith, Carlota S,The Range of Aspectual Types: Derivational Categories and a Bounding Paradox, Proceedings of the 1993 Cortona Workshop on Aspect and Tense, Dordrecht, Kluwer, 1995.

Smith, Carlota S, The Parameter of Aspect (second edition),Dordrecht: Kluwer Academic Publishers, 1997.

Tai, James H-Y, Chinese as a SOV Language, Papers from the 9th Chicago Linguistic Society Meeting, Chicago Linguistic Society,1973, pp. 659-671.

Tai, James H-Y, Verbs and Times in Chinese: Vendler's Four Categories, In David Testen, Veena Mishra & Joseph Drogo(eds.) Papers from the Parasession on Lexical Semantics, Chicago Linguistic Society,1984.

Tai, James H-Y, Adverbial Modification and Implicature in Mandarin Chinese (on how pao dei hen kuai is different from pao de hen lei), Paper presented at 1986 Annual Meeting of Chinese Language Teachers Association, Dallas, Texas, Nov.(1986), pp. 21-23.

Tang Sze-Wing,The (non-) Existence of Gapping in Chinese and its Implications for the Theory of Gapping, Journal of East Asian Linguistics 10(2001).

Taylor, J, Cognitive Grammar, Oxford: OUP,2002.

Teng,Shou-hsin, Negation in Chinese,Journal of Chinese Linguistics 2.2(1974), pp.125-140.

Teng,Shou-hsin, Remarks on Cleft Sentences in Chinese, Journal of Chinese

Linguistics 7(1979).

Thompson, S, A Discourse Explanation for the Cross-Linguistic Differences in the Grammar of Interrogation and Negation, In A. Siewierska and J. Song (eds.) Case, Typology and Grammar, Amsterdam:John Benjamins, 1998.

Traill, Anthony, A Xoo Dictionary, K' oln: K' oppe, 1994.

Tsao, Feng-Fu, A Topic-Comment Approach to the BA Construction, Journal of Chinese Linguistics 15.1(1987),pp.1-53.

Vendler, Zeno, Verbs and Times, In Zeno Vendler(ed.)Linguistics in Philosophy, Ithaca: Cornell University Press,1967.

Wang, William S.-Y,Two aspect markers in Mandarin. Language 41 (1965), pp.457-470.

Wang, William S.-Y, Conjoining and Deletion in Mandarin Syntax, Monumenta Serica 26, 1967.

Xu, Liejiong & D.T. Langendoen, Topic Structures in Chinese, Language61 (1985), pp.1-27.

Zwicky, A.M & G.K.Pollum, Cliticisation vs. Inflection: English n' t' , Language59 (1983), pp.502-513.

后　记

在拙著《句子功能范畴在"谓头"敏感位置上的句法实现》出版之际，我要向所有关心过我的老师们和朋友们致以最衷心的感谢。

首先，我要感谢对我人生产生重大影响的两位恩师——李向农老师和徐杰老师。

2003年，我进入华中师范大学文学院语言学专业进行硕士阶段的学习，李向农老师是我的指导老师。他待人谦和，品格高尚，对待学生就像对待自己的家人一样。因为我的本科专业是英语教育，因此在硕士阶段学习的很长一段时间里，我总是摸不着门径，甚至想过放弃。正是李老师无微不至的关心和孜孜不倦的耐心教导让我一次又一次地重拾信心，让我硕士毕业后又继续攻读博士学位。博士阶段学习的三年，参加工作以来的五个多年头，李老师一如既往地关心我的学习、工作和生活。在人生数个关键的转折点，他都竭尽所能地帮助我，给我指明方向。

2006年，我在华中师范大学语言研究中心攻读博士学位，徐杰老师是我的指导老师。他是一位幽默风趣、浑身散发出独特个人魅力的学者，他的语言学课堂里从来都是座无虚席，在一片欢声笑语中大家收获了知识。在他的学术感染和学术指引下，我怀着十足的学术自信心，饱满的学术热情激发着自己日益活跃的学术灵感。从2006年到现在，他教给我的不仅仅是受益终生的学术思想和学术方法，更为重要的是他的潜在影响让我树立了自己的为人观和为学观。

得之我幸!

此外,我特别感谢有着优良学术氛围的华师语言学团体。这是一个有着活力和凝聚力的学术梯队。德高望重的邢福义老师用他的学术灵魂和人格魅力感染着我,指引着我向语言学巅峰不断迈进。汪国胜老师、储泽祥老师、吴振国老师等年富力强、学识渊博。谢晓明老师、刘云老师、匡鹏飞老师、姚双云老师、罗进军老师、苏俊波老师等年轻有为。谢谢这样一个团结而又迸发着活力的团体,让我受到熏陶和感染,积极追寻自己人生的方向。

这里,我还要向 2008 年在北京大学访学期间给予我诸多关心和帮助的老师们致以最真诚的谢意。访学期间,我的指导老师沈阳老师总是不遗余力地为我提供各种学习机会,增长我的知识,开阔我的学术视野;北大中文系的陆俭明、袁毓林、郭锐、王洪君、董秀芳等各位老师,他们精彩的授课、巧妙的点拨总是让我如同醍醐灌顶,茅塞顿开。同时,我也要对 2012 年在美国夏威夷大学访学期间的合作导师 William O'grady 表示感谢,他为身处异国的我提供了各种帮助,让我难以忘怀。

最后,我还要特别感谢我的家人。我的爱人周毕吉在我出国期间,一个人养育孩子,照顾家庭,任劳任怨。我在写这本书时,他帮我收集资料,跟我共同探讨,提出了很多中肯的意见。我的父母总是无条件地激励和支持我,让我取得学习和工作中的点滴进步。我的公公婆婆,自我工作以来,他们操持家务,精心呵护我的女儿,使我和爱人能够安心踏实地工作。

恩师的教诲,老师们的帮助和关怀,家人的支持是我人生中最大的一笔财富,我定会好好珍惜。怀揣着这一颗热忱感恩的心,我会奋斗不息,用取得的每一点成绩作为对他们的回报!

李莹

2015 年 2 月 25 日

于武汉